培养孩子自主学习的九个维度

王俊峰 著

山东人民出版社 · 济南
国家一级出版社 全国百佳图书出版单位

图书在版编目（CIP）数据

培养孩子自主学习的九个维度 / 王俊峰著. -- 济南：山东人民出版社，2021.4
ISBN 978-7-209-11180-5

Ⅰ. ①培… Ⅱ. ①王… Ⅲ. ①学习方法－家庭教育 Ⅳ. ①G791②G78

中国版本图书馆CIP数据核字(2021)第051377号

责任编辑：魏德鹏
封面设计：鸿儒文轩·大华文苑

培养孩子自主学习的九个维度
PEIYANG HAIZI ZIZHU XUEXI DE JIUGE WEIDU
王俊峰 著

主管单位 山东出版传媒股份有限公司
出版发行 山东人民出版社
出 版 人 胡长青
社　　址 济南市英雄山路165号
邮　　编 250002
电　　话 总编室（0531）82098914
　　　　 市场部（0531）82098027
网　　址 http://www.sd-book.com.cn
印　　装 阳信龙跃印务有限公司
经　　销 新华书店

规　　格 16开（155mm×225mm）
印　　张 16
字　　数 190千字
版　　次 2021年4月第1版
印　　次 2021年4月第1次
印　　数 1-10000
ISBN 978-7-209-11180-5
定　　价 59.00元
如有印装质量问题，请与出版社总编室联系调换。

前言

每一个孩子都是父母的心肝宝贝，从他们诞生的那一刻开始，我们父母就对他们倾注了所有的爱，寄托了无限的希望。我们把最好的一切都给了他们，为他们操心着急，就算是再累再苦，也毫无怨言。我们父母的目的，只是为了孩子能够拥有一个好的人生，一个美好未来。

然而，我们父母辛勤付出，取得的效果往往却有些不尽如人意，甚至有时适得其反。许多孩子不仅不领情和不理解，甚至还对父母产生了隔阂，抱怨之声在一些家庭中更是此起彼伏。

那么，究竟是什么原因造成这种结果的呢？难道是父母的关爱还不够多吗？还是现在的孩子已经难以教育了呢？或者是父母和孩子天生就处在对立面呢？

答案当然是否定的！之所以会出现这种情况，是因为我们父母的教育方法不对，导致孩子无法正确领悟父母意图。长期以来，我们父母为了使孩子成才，往往给孩子强迫灌输大量他们不易掌握也不愿掌握的知识。孩子在幼小年龄就不堪重负，那便只有叫苦连天了。

我们父母需要尝试另外一种教育方法，一种能够使我们父母轻松，并且使孩子也乐意接受的方法。实际上，早在21世纪初，教育部在《基础教育课程改革纲要（试行）》之中，就提出了一种新的教育方法，即“自主学习”的新型教育形式。

所谓自主学习，就是指孩子在学习过程之中的一种主动而自觉的学习行为。它与以前的填鸭式教育显然不同，强调的是“自觉”和“主动”两个概念，而不是被动地“教”和“学”关系。只不过由于传统教育的惯性，这多年来，无论是学校还是家庭，对于这种教育方法都没有足够重视而已。

2020年春，一场突如其来的新冠肺炎疫情，导致有的城市封城，工厂停工，学校停课，广大学生只能通过网课进行学习，这才使“自主学习”这个概念重新被人们重视了起来。

网络学习对于学生自主学习的能力提出了挑战。自主学习能力强的孩子，能够轻松地完成网上教学的各科学习任务。而自主学习能力差的孩子，因为缺乏监督，却在电脑或手机上，用玩游戏、听歌或看视频等方法，度过这一特殊时期的学习生活。待重新走进学校的时候，这两类学生的学习效果就高下立判：前一类学生顺利通过了本学期的考试，而后一类学生却依然停留在上学期的水平。

这一奇怪现象，引起了人们的深思：我们父母应该采用什么方法对孩子进行教育呢？传统教学强调的是被动式学习方法，往往会窒息人的思维和智慧，摧残人的自主学习兴趣和热情。它不仅不能促进学生智力的发展，反而会成为学生进步的阻力。

教育部颁发的《基础教育课程改革纲要（试行）》指出：“改变课程实施过于强调接受学习、死记硬背、机械训练的现状，倡导学生主动参与、乐于探究、勤于动手，培养学生搜集和处理信息的能力、获取新知识的能力、分析和解决问题的能力以及交流与合作的能力。”

为了贯彻教育部指示精神，培养孩子自主学习能力，我们在有关专家指导下，特地编撰了本书。全书以父母的视角，分别从自主学习、学习环境、语言引导、学习态度、情绪管理、学习意识、改正缺点、独立能力、以身作则九个维度，分别阐述了培养孩子自主学习能力的方法和措施，还选取了大量事例进行剖析和说明，非常适合广大父母阅读和借鉴，是指导广大家长进行亲子教育的最佳读物。

目 录

第七章　帮助孩子改正自己的缺点

第八章　培养孩子的独立生活能力

第九章　培养孩子要以身作则

第一章　自主学习造就优秀的孩子

2020年突然暴发的新冠肺炎疫情，使一向不被人看重的网上授课从幕后走到了前台。与此同时，有一个人们并不陌生的词“自主学习”也成为老师和家长关注的焦点。

自主学习能力差的学生很难在上网课时顺利地完成学习任务，更难以适应今后社会的发展需要。那么，什么是自主学习，我们又该如何使孩子通过自主学习培养优秀的素质呢？

培养孩子自主学习的能力

所谓自主学习，就是指我们的孩子不受别人的支配，不被人牵着鼻子走，自动自发学习的一种状态。这种学习要以孩子为主体，由孩子自己作主，不受外界的干扰和强迫，通过阅读、听讲、研究、观察、实践等方法，让脑洞大开，最终实现自己的学习目标！

孩子都有学习的本能，但是我们父母一定要明白，传统的填鸭式教育思想很容易把这种学习欲望抹杀掉！现在有句网络流行语，“其实我不笨，我只是懒得聪明罢了”，用在孩子身上再合适不过了。

因此，作为父母，应该改变教育思想，培养孩子良好的自主学习习惯，要让孩子明白“我的学习我作主”！

培养孩子自主学习的兴趣，需要从小开始，越早越好，要从娃娃抓起，让孩子赢在起跑线上！其实，让孩子主动学习是很好培养的。比方说孩子喜欢看书，就多给他买书看。同时在他看书时不要打扰他。如果他实在看不懂，我们父母再给他讲解也不迟！

孩子稍大一点儿，比方说一年级了，我们父母就应该教会他查字典，让他通过查字典自己学认生字。数学也是这样，我们父母要通过引导孩子自主学习，使他们逐步从识数、算数到有较强的逻辑思维能力。

我们父母千万不要犯这样一个错误，那就是有问必答。因为有问必答只会让孩子养成不动脑筋的懒惰习惯。

其实，每个孩子都具有探索事物的能力，在学习的过程中，他也会自主地、主动地去探索知识。有的父母一看到孩子回答不出问题，就急于把答案告诉他，替孩子作主。这种做法其实并不利于孩子思考！因为时间长了，孩子就会产生依赖性，一有问题就问家长或老师，以便获得现成的答案。有一个故事就可以说明我们教育存在的问题：

有一个孩子，从爷爷奶奶家回到爸爸妈妈身边。他在做家庭作业时，遇到问题便向爸爸请教，爸爸却没有正面回答，只是启发性地简单说了说。

这个孩子很困惑，又向妈妈问新的问题，妈妈依然没有告诉他，只是给了他一些简单的提示。

后来，这个孩子得出一个结论：爸爸妈妈的水平其实没有爷爷奶奶的水平高。因为爷爷奶奶几乎是有问必答，每一个问题都能够给出他满意的答案。而爸爸妈妈好像比自己也强不到哪儿去，他只有靠自己去思考了！

半年后，这个孩子却发现自己的看法错了。他觉得爸爸妈妈的水平比爷爷奶奶的水平高多了，他成了爸爸妈妈的“粉丝”。那么他向爸爸妈妈请教的时候，爸爸妈妈为什么没有及时告诉他答案呢？

原来，爸爸妈妈不主动告诉孩子答案，是为了培养孩子自主学习的能力！在学习的过程中，爸爸妈妈首先让孩子思考，让他自己去寻找答案。然后再采用提示的方法引导孩子，让他通过提示找到答案。这样既让孩子学到了知识，又不会伤害他的自尊心！

后来，这个孩子逐渐习惯了爸爸妈妈的辅导方法，感

觉做起家庭作业来思路开阔多了，头脑也灵活多了，许多困难都能够通过自己思考得到解决！

优秀的父母就应该这样，把问题都留给孩子，让他们去研究、去探讨。然而，我们大部分父母却不是这样，他们对孩子的问题从来就是有问必答，生怕伤害了孩子的学习积极性。

实际上，我们每个孩子都有大脑，都能自己思考，只要他们把大脑这台机器开动起来，很多时候就可以自己找到问题的答案。时下有句话说："我就是个自私的小孩，自私到以为你就是我的。"很多孩子认为，父母告诉自己答案天经地义，就应该帮助自己解决困难。因此，我们父母在指导孩子学习的时候，要学会让他们自己去探索，让他们自己去解决问题，这样才能培养孩子自主学习的能力。

在具体实践中，我们父母可以采取下列一些方法来激发孩子自主学习的积极性。

一是确立目标。有些孩子不懂得主动学习，就是因为没有明确的学习目标。我们父母要根据孩子自身的情况，帮助他们确立正确的学习目标，让孩子在目标的激励下学习。

但是帮助孩子确立目标也不是随手乱写，随心所欲。目标立得太高，会让孩子望而却步，不容易实现；目标定得太低，过分容易，又会使孩子失去学习的兴趣。因此，我们父母一定要帮助孩子制定切合实际的学习目标。

二是重视积累。我们父母在引导孩子学习的时候，不能过分重视结果，而忽略学习的过程。应该把握好孩子的每一个学习环节，而不能只看考试的分数。这样才是对孩子负责任的做法。

三是开展竞赛活动。我们父母要引导孩子在学习上敢于同他人竞争，以提高孩子的学习积极性。竞赛活动，能够锻炼孩子克服困难的决心，促进自主学习习惯的养成。

四是勇于面对挫折。在孩子成长的过程中，我们父母要培养孩子不怕吃苦、不怕困难的精神。要让孩子敢于追求知识、探索问题，要有追求科学难题的勇气和魄力。不要害怕失败、害怕挫折，因为失败是成功之母，多次的失败积累，会成为孩子成功的阶梯，帮助他们攀上人生的巅峰。

总之，提高孩子自主学习的能力要从多方面着手。只要孩子对学习产生了兴趣，有了良好的学习习惯，并掌握了一定的学习方法，他们的自主学习能力就会自然形成。我们父母则应坚持不懈地努力，与孩子一起成长，通过多种手段帮助孩子达成这一目的！

不要否定孩子的“异想天开”

我们的孩子常常会向父母问一些类似这样的问题，例如：“月亮里有人吗？”“打雷是怎么回事？”“鱼在水里为啥淹不死呢？”真可谓天上地下，无所不问。对于孩子的提问，有的父母会耐心解答，有的父母则表现出自己的不耐烦心理，他们或者敷衍孩子的提问，或者干脆让孩子闭嘴。

事实上，孩子喜欢提问，是他们这个年龄段天性的显露，也是他们对自己听到或见到的事物感到好奇的表现。我们父母千万要重视孩子的这份难得的好奇心！

孩子的想法有时是我们父母难以想象的，他们提出的一些奇思妙想常常令人哭笑不得。对于孩子想出来的东西，我们父母不能打击和压制，而要多给予鼓励和表扬，因为这奇特的想象里孕育着创新，是未来发明创造的根基。

江苏男孩吕桢亚就是这样一个充满探求渴望的孩子。

吕桢亚在8个月大时，得了一种奇怪的病，他总是莫名其妙地骨折，直到3岁那年，这种病才被上海一位教授诊断为成骨不全症。医生告诉他的父母，说这种病极为罕见，没有特效药治疗。

由于先天骨质薄脆，打一个喷嚏，提一次重物，甚至亲人的一次拥抱，都可能导致他骨折。孩子的活泼好动，再加上骨骼脆弱，频繁造成骨折，使小桢亚的双股骨长成了畸形。

很快，小桢亚到了该去学校读书的年龄。看着同龄小朋友迈着轻快的步伐走进校园，小桢亚不断地问妈妈：为什么我不能上学?

妈妈含着泪说：“桢亚能上学，妈妈先教你，等你病好了，妈妈带你去上学。”

看到别的孩子学拼音，小桢亚也要学拼音；看到别的孩子学数学，小桢亚也要学数学；看到别的孩子学英语，小桢亚也要学英语。总之，只要是别的小孩子在学的，他统统也要学。

每天晚上，妈妈回家后，小桢亚都会让妈妈给他批改作业，讲解新的课程。每学完新的功课，妈妈都会找来同年级试卷，让小桢亚在家测试，检查他的学习成果。

小桢亚的学习自觉性很强，哪怕是在治疗期间，也不愿中断学习。有时候他身上打了石膏，不能坐着学习，他就趴着学习。在病痛严重的时候，他常常用听英语磁带来减轻身上的痛感。

虽然脆弱的身体时刻折磨着小桢亚的身心，但却没有挡住他的求知欲望。无论遇到什么事情，他都要问个“为什么”，直到弄懂为止。

在学习初中物理和化学时，为了搞清楚实验原理，他央求母亲买来了做实验的用具和器皿，逐一完成课本上的实验。

有一次，桢亚在上网娱乐时，看到电脑上的游戏人物能够活动，能够跳跃、蹦高，坦克会自己行走、射击。他突然想：电脑中人物和坦克是怎么动起来的呢？

他把自己的疑问跟妈妈说了。妈妈告诉他，要想使电脑里的图画动起来，就要学习计算机语言和编程，懂得了编程，想让电脑里的图画怎么动，就能怎么动。听了妈妈的话，桢亚请妈妈买来了计算机编程的书学了起来。

才开始学习一门新的课程，桢亚感到有些吃力，因为编程需要数学、物理、英语等多方面的知识，而这些知识他都没有在正规学校学习过。但桢亚没有退缩，他在病床上开始夜以继日地自学。

他在学习中认识到，各门功课的知识都有着内在的联系。例如，为了编程，自己除了要学好英语，还必须学好数学和物理，而这几门课又能在编程上为自己服务。

经过一段时间的学习，桢亚的自学获得了丰硕的成果。他撰写的多篇电脑程序，如“关机不要忘了断开网络连接”“坦克大战”“用OpenGL编写3D台球游戏”等都被专业媒体采用了。

2010年，在社会各界的关心帮助下，桢亚以一名借读生的身份进入了江苏高邮第一中学读书，终于实现了梦寐以求的求学愿望，成为校园里的一名正式学生。2014年，凭借顽强的毅力和勤奋的努力，桢亚又以高分考上了南京财经大学，成为一名在校大学生。

高中以前从来没有进过一天学校的吕桢亚，凭着好奇心和自己的努力最终走进了高等学府。

生活中像吕桢亚一样爱学习和喜欢问问题的孩子有很多，他们见到新鲜的事物都想问个“为什么”，只要我们父母善于引导，认真对待，让我们的孩子成为一个优秀的人并不是难事。那么，对待好奇心强的孩子，我们父母应该怎样做呢？

首先要保护孩子的好奇心。好奇心是求知和创新的土壤。对待孩子的提问和疑惑，我们父母一定不能置之不理，哪怕是极其幼稚的问题，我们也应该耐心回答，否则就会掐灭孩子求知的火苗。

如果孩子提出一些连我们父母也难以回答的问题，我们不能简单处理，更不要粗暴对待，此时应该做的只有两个字，那就是“耐心”，“耐心”，还是“耐心”。否则，孩子就会形成这样的观念：这些问题没有什么意义，和我没关系，问了会惹父母生气，我再也不问了。一个杰出的科学家或许就在不经意间被我们扼杀了。

正确的做法是，我们父母引导孩子上网查资料或者到老师那里寻找答案。当然，也可以在双休或节假日带孩子到图书馆去寻找问题的答案。

其次是激发孩子的好奇心。在孩子的学习中，为了培养孩子的自主学习能力，我们父母有时可以假装糊涂，对孩子所问的问题装作不懂，要求孩子通过学习告诉我们答案。

这种做法并不会贬低我们在孩子心目中的形象，相反，还能激发孩子的学习热情和自主学习能力，使孩子对我们产生亲切感。如果盲目地维护自己的权威，生硬地对待孩子的提问，只会使孩子对我们父母产生疏离感，并养成不动脑筋的不良习惯。

再次是引导孩子的好奇心。我们父母可以和孩子互相“考问”，以培养孩子多提问题、多思考的习惯。“考问”应该是相互的，孩子可以向我们父母提问，我们父母也可以向孩子提问。

提问的问题可以涉及日常生活常识、科技知识、天文地理、历史掌故等诸多方面，以此开发孩子的创新思维。

在这种互动过程中，我们父母和孩子都扩展了视野，学到了知识。很多孩子都会从这种游戏式的学习方式中获得乐趣，相信今后他们仍然不会拒绝这种方式的学习。不管怎么说，我们父母都要保护孩子的好奇心，保护孩子的创造力和想象力，因为这是孩子成才的基础！

爱因斯坦曾经说过："我没有特殊的天赋，我只有强烈的好奇心。"好奇心是一切发明创造的优良种子，它能激发人们天马行空的想象力，增强渴求知识的欲望，形成对创造的兴趣。

为了使孩子能够成才，我们父母应该呵护、塑造孩子的好奇心，并适时给予管理和监督，让他们在满足好奇心的过程中获取知识，增长才干。相信孩子在我们的精心辅导下，一定能茁壮成长，最后成为建设国家的栋梁之材！

授人以鱼，不如授人以渔

每个孩子对他们周围的事物都有着极大的兴趣，他们总是试图搞明白自己并不明白的事物，总是想解开心中的一个个疑问。这是孩子求知欲旺盛的表现，我们父母一定要正确对待孩子的这种求知现象。

有些父母在遇到这种情况时，会急着上前告诉孩子，并且会忙着给孩子讲解与事物相关的知识，结果怎么样呢？我们父母的这种做法常常会使自己大失所望！

因为我们会发现，孩子并不像自己想象的那样对我们的讲述感兴趣，在我们眉飞色舞、口干舌燥地说话的时候，孩子早已经把自己的注意力转移到了其他的东西上。显然，我们父母的这种教育方法是没有任何效果的。

那么，当孩子在向我们父母求助时，我们应该如何对待孩子呢？让我们来看下面这个妈妈是怎样做的。

一天，小宇在做作业。平时小宇最不喜欢的就是做作业，尤其是语文作业。因为语文作业要认字、造句、写作文，而这些是他不擅长也不喜欢做的事情。

可是，作业还得做，不然老师检查的时候自己就出丑了。小宇的妈妈在一旁边做家务边看儿子做作业。起初小宇还挺安静的，认真地做着作业。但是做了一会儿，就不对劲了，开始抓耳挠腮了。

小宇的妈妈觉得儿子一定是遇到什么难题了。于是，妈妈问道："儿子，怎么了？不会做了？"

小宇说："妈妈，这个句子我不会造，你帮我造一个吧。"妈妈故作生气地说："宝宝又不听话了，老师不是说过，作业要独立完成吗？怎么可以让妈妈帮你做呢？"

小宇妈妈过去看看儿子的作业，对儿子说："儿子，这道题好做，你看看你身边的东西好好想想。"听了妈妈的话，小宇观察起来，突然眼睛一闪，他叫道："妈妈，我知道怎么做了。"

在这个故事中，小宇的妈妈并没有像其他妈妈那样，直接把问题的答案告诉小宇，而是用另外一种方式教给了儿子学习的方法。在生活中，很多父母为了不让孩子为作业而苦恼，就直接把难题的答案告诉孩子，甚至替孩子做作业，给孩子做"枪手"，结果，孩子越来越不爱做作业，越来越喜欢把作业推给父母了。

也许你把答案告诉孩子是出于对孩子的爱护，害怕孩子因为答案错误而比分落后，比分落后了孩子会伤心。其实，这是一种非常失败的教育方式，因为这样孩子不仅学不到该学的知识，还丧失了学习的情趣。更重要的是，小小年纪便学会了投机取巧。

善于思考，是人类与其他动物的最主要区别，孩子思考就好比是农民耕种，不耕种永远不会有果实。

通过思考学到的本领，比父母和老师直接灌输的知识更有味道，也更容易记住。爱因斯坦也曾说过，独立思考和独立判断要比获得知识重要，这从一个侧面说明了思考和判断的重要性。

那么，我们父母应该如何对待有懒惰思维倾向的孩子呢？

首先，培养孩子独立思考的习惯。要懂得“授人以鱼，不如授人以渔”的道理，要激发孩子独立学习和独立思考的兴趣，使其在思考的过程中，培养自主学习的能力。

其次，不要剥夺孩子探寻答案的权利。有的父母喜欢直接把答案告诉孩子，认为这样孩子能够更快地获得知识，其实这样做是不对的。因为这样取消了孩子独立思考的步骤，让孩子缺少了探寻答案的乐趣，也使孩子对获得的知识不能牢固掌握。

再次，带孩子走出去学习知识。我们父母不要一天到晚把孩子关在家里，多带孩子出去走走，逛逛动物园、看看科技馆、参观海底世界等，以增加孩子的学习兴趣。我们也可以和孩子一起看电视，然后问问孩子都看到了什么，喜欢什么，这样不仅可以维持家庭的和睦稳定，还可以让孩子在平等的氛围中健康成长，激发孩子的思维之光。

总之，对待有求知欲望的孩子，我们父母要有足够的耐心，不要因为孩子一时的幼稚就对孩子发脾气，或者批评孩子，更不能动手打孩子。当然，也不能因为孩子解决问题有困难，就直接把答案告诉孩子。因为这样非但不能提高孩子的学习成绩，反而会降低孩子的学习热情，不利于孩子良好学习习惯的养成。这些道理是我们父母都必须要牢记的！

“不管”是最好的“管”

在大部分人看来，父母管教孩子是天经地义的事情。做父母的没有谁想过不去管教孩子，当有人建议我们父母不要管孩子时，我们便会惊讶地瞪着眼睛反问道：“‘不管’能够教育好自己的孩子吗？”

请不要惊讶！据儿童教育专家介绍，教育儿童并不是管得越多越好，而是越“少”越好。专家认为，“不管”是最好的“管”。那么，真是如此吗？请看下面一个事例：

曾有一位毕业于名牌大学的母亲，在教育孩子时遇到了一个很大的难题。因为她是一个完美主义者，所以在教育孩子上她也追求完美，尤其是自己在三十多岁的时候才有了孩子，因此在孩子的教育上更是上心。

在孩子尚未出世的时候，她就已经开始了胎教。孩子出世后，她坚持用英语和汉语两种语言与孩子讲话。原本她以为自己的教育非常成功，可她的孩子的成绩从幼儿园的第一名跌倒了小学二年级的倒数第三名。

这让这位母亲很是苦恼，她不知道自己的问题出在了哪里。后来，一名教育专家找到了问题的根源。原来，这位母亲对孩子“管”得太多。

比如说，如果孩子穿的衣服不搭配的话，她会直接对孩子说："你的上衣同你的裤子不搭配，去换一件新的来。"假如孩子没有把牛奶喝完，她便会要求孩子把牛奶喝完，而从不过问孩子是否能够喝完。

这位母亲的这种做法让孩子觉得自己不是自己，慢慢地他就会用其他的方式来表达他的抗议。

在这里，这位母亲妄图把自己的出色和完美强加到孩子身上，殊不知这不但不会让孩子喜欢，反而还会遭遇到孩子的排斥。因为，这并不是一个孩子所应该拥有的品质，追求完美是一个人在自己的成长过程中渐渐形成的个性，并不是每个人都能成为一个追求完美的人。

我们父母对自己的孩子管得太严或者太细，都会让孩子受不了。因为孩子会觉得自己的某些权利被他人剥夺了，哪怕是自己的父母也是不可以的。所以，当自己的权利失去的时候，孩子便会对一切事情都丧失了兴趣，也就不再愿意去做任何努力了。

我们父母要想让自己的孩子更好地成长，就应该适当地"不管"。当然，不管并不是说要我们父母抛弃与孩子相关的一切事情，而是说要学会"睁一只眼闭一只眼"，对于孩子的一切事情要了若指掌，但不要事事插手，而是在适当的时候纠正孩子的错误，或者提醒孩子要注意某些错误。

这样，我们的孩子会在独立中学会生活，学会成长，而且长大后，他们也会感谢自己的父母在儿时"不管"自己。那么，在日常生活中，我们父母如何才能做好这一点呢？

首先，"不管"孩子，是说把一些本该孩子自己做的事情交给孩子去做，而不是我们父母指挥孩子做。聪明的爸爸妈妈总是静静地关注孩子做的每一件事情，而不是命令孩子做事。

其次，我们父母不要试图用自己的权威来压制和打击孩子，而要放下自己父母的身份，与孩子做朋友，从朋友的角度出发，告诉孩子哪些事情该做，哪些事情不该做，只有这样，孩子才会接受我们的意见和建议。

再次，“不管”孩子，其实是在无形中“管”孩子。这种“无形”是在孩子意识不到的情况下实现的。如果我们父母总是对孩子管得过多或者过严过细的话，不但不会达到应有的教育效果，而且还可能出现相反的效果。因此，作为父母，要记住巧妙的“不管”是最好的“管”。

总之，我们父母“不管”孩子，是要对孩子的一切事情看在眼里，明在心上，是对孩子的一切事情有一个准确的把握，在必要的时候出手去“管”。这样不但不会伤害到孩子，还会让孩子变得喜欢被我们“管”了。聪明的父母知道怎样运用“不管”来达到自己“管”的目的，而且还会让孩子心甘情愿地“被管”。

因此，要想造就自主学习的优秀的孩子，我们父母要学会“不管”，这样孩子才会根据自己的兴趣和爱好，心情愉快地钻研和学习，从而做出最好的成绩。

给孩子自由支配的时间

很多父母都希望自己的孩子把全部的精力用在学习上，不能有一点点空闲时间做其他事情。为了使孩子不输在起跑线上，很多父母严格管理孩子的时间，让孩子每天都超负荷地高速运转。

父母的这种野蛮地强占孩子的时间的做法，使很多孩子痛苦万分，他们早起晚睡，每天奔走于题山书海和父母安排的各种强化班中，身心俱疲，却又没有任何办法。

其实，我们父母的这种做法并不能让孩子获得更多的知识，相反，由于长年面对枯燥的课本和单调的训练，孩子还会对所学的东西产生厌烦的心理，激起对父母的反抗情绪。请看下面一个事例：

刚刚考上重点中学的海兵在暑假刚结束的时候，父母就给他制定了一个学习计划表。为了能让海兵全面发展，他的父母为他考虑得十分周到。从早上起床开始，到晚上回家睡觉，海兵一天的计划表排得满满当当的，就连周六周日也不例外。

海兵的学习计划表是这样的：周一至周五每天早晨5:00起床读一个小时英语，晚上7:00～8:20参加奥数辅导、英语强化、美术基础等培训班，8:30～10:20完成学校布置的家庭作业。

周六和周日分别要参加管乐学习、野外骑车培训、游泳培训等培训班，连要阅读的古典文学名著父母都规定好要读多少。

在完成这些以后，他还要进行全面复习，回顾一下上周的学习情况，并且预习下周要学习的内容。

这个学习计划表让海兵连喘口气的机会都没有。终于有一天，海兵对父母说：“我星期六的时候不想去参加那些培训班了，我要和我们班的几个同学去踢足球。”

父母听了海兵的话非常生气，说：“你哪里还有时间去踢球啊？你看你们游泳培训班的小颖，上个星期我去接你的时候，你们老师说她进步得非常快。她是在你后面才进的培训班，现在都快要超过你了，如果你不快点训练的话，很快就会被她赶上的。”

海兵听了父母的话非常不高兴地说：“被她超过就超过了，我也不想做什么游泳冠军。再说，我想做也做不了啊！人家游泳冠军只做一件事情，那就是游泳，而我每天得做多少事情？而且这些事都是你们给我安排的，我的时间都在你们的手里，我连想想我以后想做什么样的人的时间都没有。”说完这些，海兵就抱着足球出门了。

海兵的父母对孩子一天的安排可谓周到细致，分毫不爽，可是他们没有考虑孩子的感受，只把孩子当作一个学习机器对待，因此遭到了孩子的强烈反对。

事实上，孩子需要有能够自己支配的时间以便做自己想做的事情。在这些时间里，孩子可以和要好的同学聊天、谈心，玩喜欢玩的游戏，看喜欢看的书，思考一些他们乐意思考的事情。

可是在一些父母看来，这是在浪费时间，是虚度光阴。他们不能放任这样的事情发生，他们必须要让孩子的每一分每一秒都在知识的大海里畅游。

他们不明白的是，一味地要求孩子像陀螺一样不停地学这个学那个，一点儿思考的时间都不给孩子，长此以往只能让孩子感到疲倦和腻烦。

我国古代的教育家孔子早就说过："学而不思则罔，思而不学则殆。"不给孩子一点儿思考和消化的时间，他们学习的知识怎么能够消化理解呢？

另外，孩子也有自己的社交圈子，也有自己想法，而这一切都需要有独立支配的时间才行啊！

为了能让孩子的身心更好、更健康地发展，聪明的父母一定要懂得给孩子合理地安排时间，让孩子能自由、快乐、健康地学习和成长。那么，我们父母具体应该怎么做才好呢？

首先，给孩子每天、每周、每月都安排出能够自由支配的时间。例如每天一小时、每周一天或每月两天的自由支配时间。这个时间，孩子干什么，由孩子自己决定。他想看电视，就让他看电视；他想打游戏，就让他打游戏；他想发呆，就他发呆……一切都由孩子自己安排。孩子正是通过自由安排活动，来认识、感知生活和周围的世界，促进身心和谐发展、提高自身的各种素质和能力的。

其次，在孩子自由支配的时间里，我们父母不得干涉孩子的自由。心理学家认为，父母在孩子的成长过程中，应该给孩子充分的自由和空间，这样有利于孩子性格的发展。这样成长起来的孩子，性格才会开朗，身心更加健康。

再次，对于不善交际的宅男宅女，我们父母则要担负起引导、指引的重任，不要让他们长期宅在家里，要让他们出去见识一下外面的世界。我们可以带领孩子们去爬爬山，去亲近一下田野，去辨认小草和野花，去捕捉一回蛐蛐和蚂蚱……让孩子在大自然的怀抱里，尽情放飞自己，找回自我。

我们也可以鼓励孩子多和同学交往、交流，并通过玩游戏、谈心、散步等方式提高孩子的交际能力和社交能力，促进孩子的性格发展。这里应该注意的是，孩子一旦有了主观支配时间的愿望，我们父母就应该放手，决不能在孩子的自由时间里指手画脚。

苏联著名教育家苏霍姆林斯基曾经说过：教给儿童自由支配时间，就意味着尽量让有趣的、使儿童感到惊奇的东西，同时成为儿童的智慧、情感和全面发展所需要的、必不可少的东西。换句话说，应该使儿童的时间充满使他们入迷的事，而这些事又能发展他们的思维，丰富他们的知识和技能，同时又不至于破坏童年的情趣。

给孩子自由支配的时间，可以让孩子无拘无束地在兴趣的海洋中畅游，激发孩子获得知识的积极性，培养孩子的多种兴趣，让孩子在独处时，通过思考，提高学习和生活的多种能力。

给孩子自由支配的时间，可以让孩子通过自己的思考选择自己的人生，这比一切替孩子做主，严密监控和支配孩子，最终培养出来按程序、指令行动的傀儡和木偶要强百倍千倍。因此，我们父母一定要给孩子自由支配的时间，让孩子身心舒畅地学习和成长。

巧妙疏导胜于无理强迫

为了让孩子养成自主学习的习惯，我们父母对孩子进行一定的监督是非常必要的。但是必须要管得得体、管得适当。管教孩子并不是越严厉越好，越让孩子害怕越好，而是要宽严结合、巧妙疏导。

教育学家经过大量的研究后发现，如果对一个禀赋正常的孩子从小实施科学的培养手法。那么，这个孩子就一定能够养成自主学习的习惯。

但是，令人惋惜的是，在我们的周围，却有很多从小天赋很好的孩子没被教育成父母希望的样子。这些孩子的父母对孩子总是寄予过高的希望，他们常常把自己没有实现的愿望强加在孩子身上，让孩子为实现自己的理想而奋斗。他们不给孩子一点点自由的空间，最终引起孩子的逆反与怨恨。

15岁的心怡上初三了，因为临近中考，她感觉时间紧张起来。她现在每天除了上课，就是做题。两点一线的生活几乎使她崩溃。

更让她难以忍受的是，妈妈把她挂在墙上的明星画全部换成了“学习计划”。她每天晚上做完作业，抬头就能看到妈妈用红笔画出的各科重点学习内容。这一切都令她抓狂。

妈妈对她的管束非常严格，每天放学后，她都必须待在自己的房间完成各种作业和每科的模拟考试卷子。记得有一次周末，心怡好不容易把家庭作业全部完成了，她想今天应该轻松一下了吧！于是，她打开电视想看一下综艺节目。

不料刚刚打开电视，妈妈就回来了。妈妈看到电视开着，顿时黑了脸。

她指着心怡说："你竟然还有闲心看电视，你自己想想，明年能够考上重点中学吗？考不上重点中学，以后能考上好大学吗……"

妈妈的话，浇灭了心怡的好心情，委屈的泪水在她的眼眶里打转。她快步跑进自己的房间，关上门无声地哭泣起来。

妈妈或许是感觉到了女儿情绪的波动，她跟进房间，坐在心怡身边说："心怡，妈妈也是从学生过来的，知道学习的苦，但是我们现在不努力，如果考不上好高中，今后就不会有好前程啊！"

随后，妈妈出去为心怡洗了水果送进来，还拿来心怡爱吃的零食说："现在吃点苦，以后才有好日子啊！"说完才关上门出去了。

在这个案例中，心怡的妈妈对女儿也算是体贴入微，照顾周到，然而，她并不理会心怡的真实想法，她或许认为自己在关心孩子，但是她却在无形中伤害了孩子！

说句公道话，心怡的妈妈是爱自己女儿的，她做的一切也是为女儿着想，但是她剥夺了孩子的自主权，对女儿管得太严、太苛刻，从而伤了女儿的心。

要知道，每个孩子都有自尊心，他们年龄虽小，但也需要自己的独立空间，处理一些只有他们这个年龄才知道的一些事情。正是这些小细节构成了他们的多彩童年和美好的少年时光。然而，就是这样一点小小的要求，有些父母也给不了孩子。

他们为了让孩子考上好的初中、好的高中，甚至好的大学，残忍地剥夺了孩子的休息时间、节日、假日，让孩子一天到晚埋头在书山题海里不能自拔。

在生活条件越来越好的现代社会，我们对孩子的教育却出现了一种怪象：我们住房的空间比原来大了许多，给孩子心灵的空间却小了很多；外界给孩子的压力大了许多，其自主的动力却小了很多，这一切使让我们的孩子小小年纪就活得很累。

对于这种情况，我们父母一定要给予足够的重视。培养孩子健康成长，是我们的责任，如果因为父母的过失，在孩子幼小的心灵留下创伤，就得不偿失了。那么，我们父母应该怎样管，孩子才肯听话呢？我们可以从以下几个方面入手：

一是要相信自己的孩子。信任是相互的，我们父母对孩子信任，孩子也会信任父母。反之，我们不信任孩子，他们也不会对我们说真话，而且隔膜会越来越深。

例如，有的父母为了使孩子走正路，监控孩子的动向，翻看孩子的日记和信件，限制孩子交朋友，不让孩子外出。我们父母的这些作为，可能引起孩子的强烈反感，伤害孩子的感情，导致孩子的内心离我们越来越远。

二是要尊重孩子的人格。孩子虽然小，但是却有独立的人格，因此我们父母在教育孩子时，不要以一种居高临下的态度对待他们，而应该以一种真诚的、平等的态度去关心孩子，爱护孩子，只有这样，孩子才会向我们敞开心扉，他们的成长之路也才会是一路阳光。

三是让孩子拥有自己的空间。孩子的天性都是活泼的，他们不喜欢被禁锢，喜欢有自己的空间，我们父母应该保留孩子的自由空间，只要他们不做坏事、不走邪路，我们都应该放手让孩子去做，要尽量释放孩子的天性。只有这样，才能培养孩子良好的自主学习习惯！

总之，我们父母在教育孩子这件事情上，决不能以威风凛凛的家长自居，更不能对孩子的一切都指手画脚。我们要善于与孩子交朋友，要用巧妙疏导代替无理强迫，要用“和风细雨”代替“狂风暴雨”。只要我们端正了心态，摆正了位置，叛逆的孩子就会变成乖巧的孩子，问题小孩就会变成优秀的小孩！

第二章　为孩子营造最佳学习环境

整洁、美观、优雅的学习环境，犹如细雨润物，容易给人营造良好的心境。安静、和谐的生活空间，可以催人奋进，并能影响孩子对事物的判断和看法，培养孩子的美好人格。

一个人身处的环境很大程度上决定了他所能达到的高度和深度。不同的环境，将造就不同的人生。为孩子营造最佳的学习与生活环境，是负责任父母的不二选择。

让家里有良好的学习氛围

我们在读一些名人传记时，常常会看到某某“出身书香门第”或“出身名门”这样的字眼，似乎名人多出生于“书香门第”或“名门”。这时，我们心中不免会产生一个疑问：那些杰出的人才为什么多出生在“书香门第”或“名门”呢？

从教育的角度看，“书香门第”家庭的家教都比较好。这种家庭的父母比较重视子女的教育并能辅导孩子，这是很重要的一个原因。例如唐朝的著名诗人李白、杜甫、白居易都出身“书香门第”。家人有知识，并且对他们进行了早期教育，他们在少年时期就已经很有学识了。

从环境来说，“书香门第”家庭的家风好。这种家庭都有较好的学习环境和学习条件，还有很多藏书。孩子们可以在家中博览群书，增长学识、提高智力，自然就容易成才。当然这中间也有个人的勤奋与社会的机遇等主客观因素。

然而，虽然我们很多父母都希望自己的儿女成龙成凤，并有非常优渥的家庭条件，但他们恰恰没有为自己的孩子营造优良的学习环境。这些家庭可能有高档的麻将桌，有豪华的家庭影院，甚至有不小的游泳池，但是，却没有为孩子准备一间简单的书房。

不仅如此，有的夫妻把家庭当战场，天天上演口舌大战，污言秽语从不避讳正在成长期的孩子，使孩子的心灵受到严重污染。也有的夫妻把家庭当作娱乐场所，整天呼朋唤友、吆三喝四，把家里搞得乌烟瘴气。

请想一想，我们的孩子在这样的环境下，如何心平气和地读书和学习，又怎么有心思去提高学习成绩呢？

研究表明，不少孩子之所以学习成绩欠佳，进步缓慢，缺乏积极的学习兴趣，就是因为家庭环境条件恶劣。

对于一个学龄孩子，学校是他的主要阵地，而家庭却是他休养生息的场所。白天老师灌输的知识，晚上必须要在家里消化；白天劳累疲惫的身心，晚上必须要在家里将息休养。因此，家庭学习环境的好坏，对孩子能否进步极其关键，我们父母一定要牢记！

因此，要让孩子有浓厚的学习兴趣，家中一定要有好的学习气氛。要知道，我们父母的学习态度，对孩子的影响是非常巨大的！请看下面一个事例：

有一对夫妇，两人都是清洁工，他们的家庭并不富裕，但是他们为了给孩子小强创造一个良好的学习环境，每天起早贪黑，除了做好本职工作，还四处收废纸、塑料瓶以及旧电器等到废品站出售。

他们用自己的劳动所得，为小强建造了一个温馨的读书小屋。这种由父母心血构建的学习环境，为孩子提供了前所未有的学习动力。小强为父母的付出所感动，他每天早起晚睡，除了完成学校老师交代的课业，还在业余时间从事小发明、小创造。

有一次，小强发现妈妈劳累了一天回家还要喂鸡，非常辛苦，便主动帮妈妈喂鸡。在这个过程中，小强发现给鸡加饲料也是一门学问。加多了，鸡吃不完，就会乱踩乱刨，浪费花钱买来的饲料；加少了，鸡吃不饱，又会影响下蛋。

小强想，要是有自动添食的食槽就好了，吃多少添多少，鸡吃饱了就不会添乱了。根据这种设想，小强设计出了一台自动喂鸡器。每天早上，小强只需要加一次饲料，自动喂鸡器就可以定时定量地为鸡投放饲料。这个喂鸡器为妈妈省了不少事，妈妈高兴得逢人就夸："我们家小强真是个体贴人的好孩子啊！"

小强的这个发明，在学校举办的小发明小创造科技展中获得二等奖。学校为了鼓励他，为他颁发了"小发明家"的奖状和一台笔记本电脑。

这个故事告诉我们，良好的学习环境会激发孩子强烈的学习兴趣，并会推动孩子去探讨、研究新生事物，进而开始发明创造。

还有一个考上清华大学的孩子，邻居们都来向他的爸妈取经。他的妈妈告诉邻居们，我们家不富裕，没钱上补习班，也没有买多少学习资料。

但是，我们都以孩子的学习为重，只要孩子一放学，我们就自觉地关闭电视，与孩子一起学习。并且，孩子多晚休息，我们就陪多晚。这样做可以为孩子树立一个好的榜样。

邻居听了感觉很有道理，但是又不知道从何做起。那么，我们父母如何为孩子营造优美的学习环境呢？

首先，要想营造一个良好的家庭学习环境，必须要从两个方面开始着手，一个是硬件环境，一个是软件环境。

所谓硬件环境，说简单一点，就是供孩子学习的房屋。房屋的硬件条件应该因人而异，家庭条件好一点儿的可以准备一间宽敞的屋子，要有开阔的视野、恰当的光线、清新的空气、量身定做的桌椅以及丰富的藏书等。家庭条件差一点儿的孩子就没有那么多讲究了，只要有一个安静的环境、一张写字的书桌以及一些必需的学习资料就非常不错了。

所谓软件环境，是指我们父母为孩子营造的温馨的家庭气氛。例如，我们父母在与孩子说话时不要大声呵斥、打骂，要温言细语，如春风拂面，使孩子感受到父母对他们的关爱。

其次，培养家庭的学习气氛。有了良好的家庭氛围，接着要创造出一个利于学习的环境。比如，在孩子学习的时候，我们父母也与孩子共同学习，遇到问题，一起讨论，启发孩子学会思考问题、解决问题。我们父母对待学习的态度，常常也会影响孩子的学习态度，进而也会影响孩子的学习成绩。

再次，允许孩子浏览一些增长见识的网页。一方面可以开拓孩子的视野，让他们了解更多的信息和知识；另一方面可以让他们对这些知识有一个更为清晰的认知，让他们能够更为直观地认识这个世界。这样会让孩子与父母之间的交流更加融洽，更加和谐。

革命导师马克思和恩格斯曾经说过：“人创造环境，同样环境也创造人。”所以说，为了让孩子能够更好地学习，作为父母，我们应该尽自己最大的努力给孩子创造一个相对舒适的环境，营造一个充满书香气的氛围，只有这样做，孩子才会安心学习，也才能喜欢学习！

给孩子自由生长的空间

很多父母为了使孩子把全部身心放在学习上，也为了让孩子不受到伤害，就整天把孩子关在家里，他们以为孩子只要不出门，就安全了，也会好好学习了。其实，他们想错了。

孩子虽然被关在家里，但是他们很渴望到外面去，渴望去接触大自然，渴望与自己的小伙伴一起在绿色的草地上奔跑。我们父母的这种做法，无疑是剥夺了孩子的自由。真正疼爱孩子的父母是不会这样做的，他们会给孩子充分自由的空间。

请看下面这个事例给我们的启示：

今天是星期天，可是可怜的王平还被困在家里做作业。爸爸妈妈不允许他出去玩，并且还给他布置了很多作业，要求他在他们回来之前做完。

王平虽然心里有一百个不愿意，但也不敢不听爸爸妈妈的话，只好乖乖地在家里写作业。过了没多久，小伙伴在外面喊王平一起出去踢球，他很想去，可是他不敢去。

他怕他出去玩了，作业没有完成，爸爸妈妈回来会批评自己。就这样，一颗矛盾的心一直处于挣扎当中，王平虽然没有出去玩，但心思已经不在作业上了！

第二天交上去的作业，被老师打了许多红叉。他的爸爸妈妈看到了非常惊讶，因为许多简单的题王平也做错了。他们把孩子骂了一顿说他不用心，并要他重做一遍。

王平只好在当天的作业完成之后，又重新做了一遍，做完这些题，已经是深夜十二点，他脚都没洗就上床睡觉了。第二天，作业虽然交了，但是他却非常疲倦，上课没有一点儿精神，当然也集中不了精力听老师讲课。

这一天的作业发下来后，他发现又是满篇红。这一次，他没有给爸爸妈妈看，也没有重新做，而是把作业藏到书包里面。不久，老师发现王平的成绩下降了。

要想让孩子心情舒畅地学习，我们父母一定要给孩子创造宽松的学习环境。爱玩是孩子的天性，没有一个孩子喜欢一天到晚都待在家里，他们都很渴望到外面精彩的世界里去奔跑。可是，我们父母总担心孩子因为玩而耽搁了学习，在星期天还给孩子布置各种各样的作业，为的就是把孩子困在家中。

殊不知这样做不仅不会改善孩子的学习，还会使孩子对学习产生严重的厌恶情绪，甚至抵制学习。王平学习成绩下降就是典型的例子。因此，我们父母如果要真心让孩子提高学习成绩，就应该给孩子自由的空间，让孩子自由地成长。

在日常生活中，我们父母应该这样做：

一是把社会实践当作一门课让孩子学习。我们每个父母都知道，孩子的学习能力是很强的，社会是一个大课堂，让孩子走出家门，走进社会，走向自然，孩子就可以在社会这个大课堂上学到学校里学不到的东西。孩子的感知能力和交际能力都是在社会实践中不断地积累形成的。如果我们父母限制了孩子的成长空间，并且有意识地缩小孩子的生活空间，这不但不会提升孩子的学习能力，还会降低孩子的学习能力。

二是给孩子充分的自由，让他们在自由的空间里成长。孩子不是一样东西，可以随意地把他们限制住。他们是一个个生命，一个个有思想的生命，他们渴望成长，更渴望自由。给孩子自由的空间、自由的权利，他们才会像空旷大地上的树苗一样，自由自在地生长。

不可否认，让孩子独自自由地成长，有时可能会使他们受到一些意想不到的伤害，但不能因为害怕伤害就把孩子变成“温室里的花朵”。要知道，温室里的花朵是经不起风吹雨打的，只有那些经历过狂风暴雨洗礼的花朵才是最美、最强韧的花朵！

三是不要束缚孩子的思想。每一个孩子都有自己的思维，都有自己的思考方式，如果我们父母总是擅作主张剥夺孩子的自由空间，就会束缚孩子的想象力，使孩子的思维被压缩在一个狭小的居室内。这样，孩子的智力不但不会提高，相反还会受到压制，逐步下降。相信这是我们每个父母都不愿意看到的。

作为父母，我们不要用自己的思想来决定孩子的思想，不要以为孩子喜欢安静的生活。因为孩子对这个世界充满了好奇，也充满了向往，所以他们渴望自己去了解这个世界。如果我们父母把这个自由的空间给剥夺了，那么孩子成长的权利也就被剥夺了。

四是让孩子多亲近大自然。如果孩子喜欢大自然，我们父母就应当允许他们亲近大自然，认识大自然。大自然的山山水水、自然风物，不仅可以增长孩子的知识，还会陶冶孩子的情操。

总之，幼年时期的孩子就像一个在天空飞翔的风筝，虽然这个风筝需要线的牵引和束缚，但是它需要得更多的是线对它的放纵，这样它才会飞得更高，飞得更远！我们父母如果想培养一个有知识、有教养，乐观豁达的孩子，就应该给孩子自由的空间，让他们自由地学习、自由地成长。这样的父母才算得上是合格的父母。

善于倾听孩子的心灵之音

有些父母发现，孩子越大越不愿意和他们交流。可是他们却找不出其中的原因。那么，我们的孩子为什么在稍微懂得一些事理以后，就和我们父母疏远了呢？其实，原因非常简单，那就是孩子在小的时候倾诉的意愿没有得到我们父母的重视，随着年龄的增长，孩子就渐渐地不愿意和我们交流了。

其实，孩子年纪越小，越是有利于我们父母与他们沟通。与孩子沟通，我们应该学会倾听孩子的心灵之音，这样长期坚持下去，即便孩子大了，也会与我们父母亲密相处。

不知我们父母有没有注意到，每当我们把孩子从幼儿园接出来的时候，孩子总是兴致勃勃地讲幼儿园里的事，不管父母爱不爱听，孩子总是讲个没完。孩子最需要的便是一个忠实听众，而我们父母是最合适的人选。

对于我们父母来说，懂得倾听孩子说话是一门非常高深的艺术。千万不要小看这门艺术，它能够使孩子觉得自己在父母眼中很重要，也能使孩子学会独立地思考问题，还能够使孩子从小学会平等地与他人建立良好的人际关系。

有的时候，孩子急着向我们父母说话，让我们听他背诵刚学会的诗词、说他晚上做的一个梦、唱刚学会的一支歌，并不是有什么需求，也不是想得到什么，而是对我们父母的一种信赖，他想把自己心中的秘密分享给他尊敬和信赖的人。这时候，我们要做的就是，面带微笑，耐心倾听。

作为父母，我们应该有一个正确的心态，面对孩子，不要骄躁，不要心烦，事实上，仔细倾听孩子的稚嫩话语是一件很有意思的事，它能让我们了解孩子的内心世界，了解他们的所思所想，了解此时此地孩子的喜怒哀乐。更重要的是，它能拉近我们和孩子的心理距离，使孩子与我们的关系更亲密、更和睦。

佳宁8岁了，她和玉玉是好朋友。佳宁是一个多愁善感的孩子；玉玉的性格却有些急躁，也有些小心眼。

有一次，因为一点儿小事，玉玉不理佳宁了，也不再找她玩。佳宁看到玉玉，主动上去与她打招呼，玉玉却像看到仇人一样，头一扭就跑开了。

佳宁不知道自己怎么得罪了玉玉，心中非常伤心，回到家后，看见妈妈，情不自禁地流下泪来。

妈妈正准备叫佳宁吃饭，看到孩子流泪，以为出了什么事，赶忙帮她擦去眼泪，把她拉到饭桌上，让她先吃饭。可佳宁端起碗，却一口也吃不下。

妈妈怕情绪不稳时饮食对孩子健康不利，便挨着佳宁坐下来，让她先说出自己的心事，然后再吃饭。

佳宁感受到妈妈的关怀，便一五一十地把玉玉不理她的事讲了出来。妈妈耐心地听佳宁说完，感觉有些好笑，心想这么小的事，居然使女儿伤心到如此地步。

妈妈说："我以为是多大的事呢！先吃饭，然后我们想办法解决！"佳宁从妈妈的关怀中，感觉到了温情和疼爱，心情好了起来。

吃完饭，妈妈见佳宁心情有了转变，笑着说："这个事很好解决，你只要明天再去找玉玉，说清楚你们之间的误会，相信她会跟你和好的。”

佳宁问：“玉玉真的会跟我和好吗？”

妈妈说：“当然啦！朋友之间相处要大度一些，只要你真心与玉玉和好，玉玉一定会愿意与你交朋友的。”

听了妈妈的话，佳宁破涕为笑，告诉妈妈说自己第二天就去找玉玉，要主动和玉玉消除误会。

我们父母的爱可以温暖孩子失意的心灵。当孩子在困惑、忧愁的时候，来自父母的爱能够转变为强大的精神力量，扫除孩子心灵的雾霾。案例中的妈妈用亲切的语言、爱抚的行为把孩子的心门打开。在这种爱的气氛中，孩子心中的坚冰融化了，忧愁化解了，心结自然也解开了。

孩子的心智还不成熟，心灵还很脆弱，他们需要我们父母的智慧，需要我们父母来解惑。当遇到自己难以处理的事情时，他们首先想到的就是自己的父母。只要我们多一点儿耐心、多一点儿爱心，认真地去倾听，孩子就会把我们当成知心朋友，他们会把心中最隐秘的事情告诉我们。

倾听并不是简单地听听了事，它需要我们父母全身心投入，不能有一点儿马虎。我们父母在倾听孩子诉说时，要注意以下几点：

一是要营造轻松的谈话环境。想让孩子说话，就要给孩子一个宽松的环境。在听孩子说话时，我们父母要有耐心，表情要热情而诚恳。不仅如此，还要用适当的语言和语气进行回应，并用有力的形体动作加以强调。

例如：听孩子说话时，眼睛要专注地看着他，身体略微向前倾斜。不要双手抱臂，装出一副高高在上的姿态，或者一边心不在焉地听，一边的其他事情等。

认真地听孩子说话，并适当地运用表情和身体动作向孩子传递自己的倾听信息，能够表达我们对孩子的关注程度，使孩子对我们产生信任感。在听的过程中，我们还要发挥眼睛的作用。

眼睛是心灵的窗户，一个关注的眼神，一个赞同的目光，一道温柔的巡视，一抹慈爱的凝视，都能打动孩子幼小的心灵，会让他们感受到我们的善意，从而愿意敞开自己的心扉，乐意与我们沟通和交流。

同时，我们父母还要表现出对孩子的尊重，不要阻止孩子的表达欲望，并用适当的语言进行引导和鼓励。例如可以用这些语言来表示我们对孩子所说的话的支持：

“真不错！”

“确实如此吗？”

“妈妈赞同你的想法！”

“你说得太棒了，请接着说！”

“爸爸太为你自豪啦！”

…………

不仅如此，还应该一边听一边点头，让孩子感受你对他的认同。

在孩子说话的过程中，我们父母还应该始终保持自己的笑容。笑如三冬的暖阳，能够化解孩子的不安和焦虑，拉近我们和孩子之间的距离，使孩子可以在我们面前无所顾忌、畅所欲言。

另外，在孩子说话的时候，我们父母要边听边做出惊讶的表情，使孩子感觉到我们对他的话非常吃惊，这样就能表明我们对他的话极其重视，刺激他们的说话欲望。

二是要引导孩子准确地表达相关意思。由于生活阅历和知识面有限，孩子在想说话的时候，往往无法使用准确的语言进行表达，说出来的话经常词不达意。在此情况下，我们父母就要帮助他们增加词汇，丰富语言，使他们逐步提高自己的表达能力。

三是要“蹲下来”和孩子说话。“蹲下来”是一种姿态，是我们父母平等地对待孩子的一种方法。只有“蹲下来”，我们才能和孩子在一个水平线上，才能正视和理解孩子的目光，听懂孩子的语言，真正进入孩子的内心，让孩子更加愿意对我们说出自己的真心话。

四是不要制止孩子流露情绪。孩子由于年纪小，情绪波动比较大，有时在外面受到同龄人的欺负，回家后就会发脾气或者吵闹不休，这是孩子情绪的正常流露。

我们父母此时不要制止孩子，要采取温和的方法对待他们，引导孩子恢复平静，并且帮助他们分析情绪失控的原因，让孩子尽情地释放出心中的委屈，从而平复自己的情绪。

法国著名作家伏尔泰曾经说过：“耳朵是通向心灵的路。”我们父母应该明白：只有竖起耳朵听孩子倾诉，才能听到孩子的心灵之音；只有了解了孩子的心灵困扰，才能解决孩子的实际问题；也只有学会倾听，孩子才能把我们父母当成可以信赖的倾诉对象，亲子间才能进行有效的沟通！

引导孩子从玩乐中学习知识

许多父母都觉得，自己的孩子如果贪玩的话，就会耽误他们的学习。其实，这种担心是多余的。因为孩子的玩耍过程最容易体现他的兴趣和爱好，如果我们父母在孩子玩耍的过程中发现了孩子的兴趣和爱好，就可以进行适当的引导。

我们父母的这种引导，如果恰到好处，就可以寓教于乐，不仅让孩子体会到玩的乐趣，而且让孩子学习了重要的知识。

小学五年级学生陈博最大的爱好就是在学习之余玩拼图和魔方。他把零花钱积攒起来，买了各种各样的魔方和拼图。

陈博班上的很多同学对他转魔方的绝活非常佩服，一个颜色混乱的魔方，到了陈博手里，几下子就变得整整齐齐。在学校举办的智力活动中，陈博还用这个绝活拿过奖状呢。

陈博的爸爸一直担心陈博因为玩这些耽误了学习，他很生气地对儿子说："你天天不好好学习就玩这个，这是几岁孩子玩的啊！你现在都多大了，你面临的问题是怎么考上一所重点中学。你以为玩这个东西就能考上重点中学了吗？"

陈博没说话，但是心里非常难过。爸爸接着说："马上考试了，魔方和拼图爸爸帮你保管吧。只要你考上重点中学，我会原物奉还。”说完，就毫不客气地拿走了陈博这些宝贝。

没有了魔方，陈博心情非常失落。上课时也想着何时能拿回魔方，注意力集中不起来，成绩很快下降了。期中考试，陈博的成绩下滑了十几名。

陈博是老师比较器重的学生，考试没考好，老师很奇怪，便把他叫到办公室询问，让他说说为什么连他最拿手的数学都没考好。

陈博低着头说：“我也不知道为什么，只知道我爸爸把我的魔方没收后，我就没有心情学习了。”

老师问：“你能告诉老师为什么喜欢魔方吗？”

陈博说：“我玩魔方，其实不是单纯地玩，而是换脑筋。有时候，我有的题不会做了，就想玩一会儿魔方，等把那些魔方弄好时，往往解题的思路就出来了。”

“原来是这样啊！”老师对陈博说，“如果是这样，我负责与你的爸爸沟通，让他把你的魔方还给你。”

老师马上给陈博的爸爸打电话，详细说明了陈博考试失利和成绩下降的原因，并说道：“陈博爱玩魔方，并没有耽误他的学习。而你没收他的魔方，却使他的成绩下降了。如果你想提高陈博的学习成绩，不如鼓励他发展自己的兴趣爱好，这样反而会提高他的成绩。”

陈博的爸爸听了老师的话，反思了自己的做法，晚上把陈博叫到面前说：“爸爸以前错怪你了，现在我把你的魔方和拼图都还给你，只要你的成绩能够提升，爸爸以后奖励你新的拼图和魔方。”

爸爸向陈博认了错，还归还了所有的拼图和魔方。陈博心中的怨气一扫而光。他又变回了原来那个好学上进的孩子。心中没有疙瘩，上课听讲也认真了，他的成绩很快就赶了上去。

玩和学习并不矛盾，如果我们父母能让孩子在玩乐中开发智力、增长知识、积累经验、提高自信，那么，放手让孩子玩耍就可以让孩子进步得更快。

很多家长一看到孩子为了玩而去钻研，就觉得孩子在做与学习无关的事情。这个时候，他们会无理地呵斥孩子。孩子如果在他们的干涉下退缩了，很可能创造性也就自然泯灭了。所谓“一巴掌打掉一个天才”，说的就是这么回事。

那么，我们父母如何才能正确地引导孩子玩，让孩子在玩中增长知识、在玩中提高成绩呢？下面我们以和低幼孩子玩游戏来说明这个问题。

首先，多和孩子一起玩他们感兴趣的游戏。玩游戏是孩子学习知识的另一种方式，而且孩子都喜欢和自己的父母玩游戏，父母不用担心游戏有没有教育性，只要随着孩子的兴趣，让孩子对玩的事物好奇，体会玩的乐趣，就算是达到了目的。

例如，我们可以和幼儿一起玩纸牌。纸牌实际是1～13个数字，无论是玩比大小，还是玩接龙，都可以增长孩子的数学知识。还有一些游戏，例如电脑游戏俄罗斯方块，既可以让孩子学习图形，又能训练孩子手上的应变能力，都对提高孩子的智力有好处。

其次，让孩子当游戏的主角。玩游戏时，不论孩子怎么玩，我们父母都不要随意干涉。我们可以观察孩子的玩法，从中推敲他想怎么玩。如果孩子不会玩，再作引导。

我们父母不要急着想看孩子玩游戏时能玩出什么名堂，有时太着急反而不会有好的效果，还会降低孩子玩乐的兴趣。总之，孩子是游戏的中心，我们要围着孩子转，孩子怎么玩，就让他怎么玩，要充分满足孩子的好奇心，让他尽兴，让他玩过瘾。

再次，让孩子在玩中掌握知识。例如在玩游戏学数学时，我们父母可以试着把积木、画片或任何可以取得的东西拿出来，让孩子通过摆积木或者画片来学习计算，这样做，孩子既容易懂，也会有特别深刻的印象。

最后，让孩子从生活中学习知识。例如我们父母在生活中买东西、做家务时，都可以让孩子参与其中，使孩子学到数学的分配与计算知识。实践证明，让孩子在生活中学习知识往往比枯燥地对着课本学习效果要好得多。

我国著名文学家鲁迅曾经说过：“游戏是儿童最正当的行为，玩具是儿童的天使。”其实，我们父母不要怕自己的孩子贪玩，只要在孩子玩的过程中适当地给予引导，将有趣的知识变成孩子玩乐的内容，那么，我们的孩子都能够变成别人眼中的天才！

不把自己的意愿强加给孩子

我们父母在看见别人的孩子多才多艺的时候，都会非常羡慕。因此也想让自己的孩子和别人的孩子一样，既学习好，又能精通琴棋书画。但是，我们有没有想过，世界上都没有两片相同的树叶，又怎么会有两个相同的孩子呢？

我们先来看一个故事：

上小学二年级的秋枫已经有两年的学习钢琴的经历了。秋枫说，每当放学铃声响起的时候，她就特别沮丧。她说她宁愿待在学校也不愿意回家去。

秋枫为什么不想回家呢？因为她讨厌坐在钢琴前面，一首又一首地练习钢琴曲。刚开始的时候秋枫曾经流着眼泪和妈妈说：“妈妈，我不想学钢琴，我不喜欢钢琴。”

看见孩子哭，妈妈心软了，她想如果女儿真的不喜欢的话，就不要学钢琴了，这样天天逼着孩子，也不是个办法。但是，秋枫的爸爸并不这样认为，他坚持让秋枫练习钢琴。

秋枫妈妈看看孩子说：“你觉得咱家女儿有成为音乐家的天赋吗？”

爸爸很生气地说：“有几个音乐家是靠天赋成名的？他们不都是刻苦练习才成大器的吗？再说了，人家名牌中学现在规定，特长生是有优惠条件的，别人家的孩子都钢琴八级了，咱家女儿什么都没有，拿什么和人家竞争啊？”

爸爸的这番话让妈妈无言以对。秋枫的爸爸还给秋枫请了钢琴老师，而老师给她布置的家庭作业是：每天必须练习四首练习曲。

如果秋枫在练习的过程中精神不集中或者四首曲子里有两首弹得不好，爸爸的训斥是免不了的，有的时候爸爸还会用手指戳秋枫的头。

秋枫就这样练习了两年钢琴，但是她始终不喜欢钢琴，而且在练习钢琴的过程中，她渐渐养成了很多坏习惯，比如说经常做怪动作、耸肩膀、抖腿等，有的时候胳膊和腿还一起乱动。

秋枫的班主任对她的爸爸妈妈说：“秋枫上课时总是不安分，还摇摆肩膀，而且长期注意力不集中，学习成绩下降得非常快。”

秋枫的父母听到这个情况以后，意识到事情的严重性。他们带着秋枫来到医院，医生检查以后说秋枫患上了抽动症，这是因为长期精神压力过大造成的，如果治愈的话需要很长时间。秋枫的父母对此非常后悔，但是已经来不及了。

秋枫的爸爸不顾女儿的意愿，强行让孩子练习钢琴，造成了严重后果。面对这样的悲剧，我们父母是不是应该深思呢？父母在培养孩子的时候，一定要先想想或者先问问孩子的兴趣是什么，否则这样的悲剧就有可能发生在我们的孩子身上！

作为父母，我们不要把自己的意愿强加在孩子身上。要经常与孩子沟通，了解孩子心中的想法，支持与鼓励孩子按照自己的意愿去做，即使孩子的做法与自己的意愿完全相反，也要尊重孩子的意愿。在具体实践中，我们应该做到以下几点：

一是了解孩子的爱好，并根据孩子的特长，帮助孩子实现自己的理想。我们父母要在平日里仔细观察孩子，看孩子对什么事情比较有兴趣。

想要孩子参加某类艺术培训班的时候，我们父母要以真诚、和蔼的态度询问孩子："告诉爸爸妈妈，你喜欢参加什么班？"当孩子同意后再报，不然家里花了钱，孩子还学不好，不是得不偿失吗？

尊重孩子的意见是非常必要的，因为兴趣才是孩子学习的动力。"毅力不可靠，兴趣最重要。"同时，我们还要告诉孩子，只有首先学好各门功课，才能顺利实现自己的理想。

二是不要对孩子寄予过高的期望，给孩子造成过重的心理负担。很多父母看到别人家的孩子拿了什么奖，得了什么名次，就希望自己的孩子也同样获奖得名次。这种想法是不现实的，因为人的情况是不同的，每个人的学习效果也有区别。别人的孩子能得奖，自己的孩子不一定也能得奖。

另外，成功的路有千万条，只要孩子有兴趣和毅力，通过自己的努力，最终都会成为对社会有贡献的人。因此，我们父母千万不要苛求自己的孩子，以免适得其反！

三是不要强迫孩子学过多的才艺。有的父母看到老李的孩子学习绘画，也让自己的孩子学绘画；看到老王的孩子学跳舞，又让自己的孩子学跳舞；看到老张的孩子参加奥数班，又忙着给自己的孩子也报奥数班……只要别人家孩子参加的项目，自己的孩子一样也不能落下。到头来，自己的孩子不仅一样也没有学好，还把学校的主课耽误了。

我们父母应当给孩子充分的自由，不要强迫孩子学这个学那个。俗话说，欲速则不达，贪多嚼不烂。贪多求全不仅培养不出出色的孩子，也不利于孩子的健康成长。

也许有的父母会说："孩子那么小，懂得什么呢？还是要靠大人来把关。"诚然，孩子是年纪比较小，但是这并不表示他们没有自己的想法。

古希腊哲人德谟克利特说过："头脑不是一个要被填满的容器，而是一支需要被点燃的火把。"我们父母望子成龙的愿望是可以理解的，但也要尊重孩子自由选择的权利。我们应该知道，尊重孩子的自由，让孩子做自己，才能使他们健康快乐地成长。

尝试与孩子相互转换角色

我们很多父母在教育孩子时，都把自己当成高高在上的家长，很少设身处地想想孩子的感受。事实上，孩子在家庭里都不希望看到一个专制的家长，而是希望父母能够像对待朋友一样对待他们，希望得到父母的尊重和理解。

既然如此，我们父母为什么不试着把自己的角色转换一下，放下身段，试着和孩子做个朋友呢？这样说不定就会轻易知道孩子的想法，能够与孩子沟通了呢！

有一天，当老师的妈妈为女儿小涵辅导英语。有一个语法问题妈妈讲了很长时间，小涵却表现得心不在焉。妈妈看到女儿的样子气得火冒三丈，她将书本狠狠地摔在小涵面前，让小涵回房间去反省。

小涵知道是自己开小差才惹妈妈生气了，便垂头丧气回到了自己的房间。可是妈妈依然很生气，又追到房间把小涵数落了一番。

妈妈回到自己的房间，过了好一会儿才平复了自己的情绪，等到彻底平静下来后，她感觉自己的做法有些过火，便再次来到小涵的房间，恰好看到小涵在抽泣。

妈妈轻轻地走过去，俯身温和地对小涵说：“别哭了，再哭就成小花猫了！刚才妈妈急躁一些，话说得有些重了，妈妈向你道歉，你可以原谅妈妈吗？”

小涵抬起脑袋，惊异地看着妈妈，见妈妈正望着她微笑，便委屈地扑到妈妈的怀抱哭了起来。妈妈轻轻地抚摸着女儿的头说：“是妈妈不好，妈妈不好！”

小涵在妈妈怀里摇摇头说：“妈妈，是我错了，我不该不听您的教导。”

这是小涵长这么大，第一次向妈妈认错，妈妈感到很是欣慰，她拍拍小涵的手，与女儿相视而笑。

这时，小涵主动回到书桌前说：“妈妈，这个语法问题让我再想一想，看我能不能明白。”过了一会儿，小涵终于弄懂了这个问题。

在以后的日子里，每当妈妈和小涵有不同想法时，小涵妈妈都会放下面子，以平等的语气和小涵商量。在这种友善的氛围中，小涵和妈妈的关系越来越融洽。她们一起逛街，一起购物，一起学习，日子过得非常和谐舒心。

由于妈妈改变了自己的教育方法，采用与孩子友好相处的方式，温暖了孩子的心，她们在以后相处得极其友好。这位妈妈的方法是值得我们父母学习的。

作为父母，与孩子友好相处是非常重要的。所有能够与孩子保持融洽关系的父母都是由于他们能够尊重孩子、把孩子当作朋友、与孩子真诚交流，才创造出那种和谐的局面。

其实，培养孩子，完全没有必要保持那种高高在上的刻板面孔，友好相处、平等交流不是一种很好的方法吗？为什么非要让孩子服从父母、以父母的意志为转移呢？

有个作家应邀为一个专栏写一篇有关如何才能做好孩子的父母的文章，可是当他坐在书桌前时，却发现自己一点儿也不了解自己的孩子。于是，他决定用一个假日与自己的孩子好好相处一天。

周六的晚上，作家告诉孩子，明天要带他去海洋馆玩一天。“真的吗？”孩子像看一个外星人一样看着他。因为这是从来没有发生过的事情。

“真的！”作家点开手机，让孩子看他在网上订的门票。

“那我明天上午的奥数班不去了？”孩子疑惑地说。

“不去了！”作家大手一挥。

“下午的钢琴课不练习了？”孩子又问。

“不练习了！”作家微笑道。

“爸爸万岁！”孩子高兴得跳了起来。

第二天，父子俩早早起床，吃了饭就直奔海洋馆。作家带着儿子游览了海底世界，观赏了平时很少见到的海葵、海马、刺尾鱼、蓝绿光鳃鱼、蓝纹蝴蝶鱼、镰蝴蝶鱼、牛角鱼、六斑刺鲀鱼、珊瑚鱼、石斑鱼等海洋动物，还参观了热带雨林，最后又兴致勃勃地观看了海豚和海狮表演。

一天很快过去了，作家和儿子都很累，可是他们都感觉十分快乐。在参观的过程中，孩子问了作家很多有关海洋的问题，作家都一一作答。

孩子兴奋地说：“爸爸，今天一天比我平时一个月学到的东西都多，我太高兴了。”

看着孩子兴奋的脸庞，作家感慨万千，立即就有了写作灵感，而且不顾劳累当天晚上就写出了专栏文章。这次经历也使他认识到，与孩子的相处其实并没有想象中的那么难，只要把孩子当朋友，放下长辈的架子，同孩子打成一片，是很容易的啊！

那么，我们其他父母应该怎样与孩子互换角色、和睦相处呢？

一是要和孩子保持一种朋友的关系，拿出真诚的态度，友好地对待孩子。只有这样，孩子才会愿意亲近父母，自然地考虑按照我们父母的意愿去发展自己。

其实，我们每个人都是从孩子时代过来的，只是由于忙碌的生活埋没了自己的童心而已。只要我们和孩子在一起时，把父母的尊严收起来，把心底的童稚放出来，尽情地和孩子一起玩耍，那么，孩子就一定会与我们进行心与心的交流。

当然和孩子保持像朋友一样的关系，并不是让父母无原则地纵容孩子，溺爱孩子，因为这样会滋生孩子的不良心气，养成他们的霸道性格。

我们父母和孩子之间的“友情”主要应该体现在对孩子的尊重和平等上，只要我们平时多听听孩子的意见，随时了解孩子的动向，多对孩子进行正确的引导和启发，那么，与孩子友好相处就不是一件难事。

二是与孩子平等相处。有些父母在高兴的时候就与孩子打成一片，嘻嘻哈哈，而在孩子稍微做了一点儿不顺自己意的事情时，翻脸比翻书还快，轻则严厉训斥，重则非骂即打，完全没有一点儿平等和尊重的意思，这样的父母如何能够赢得孩子的爱戴和尊重呢？

我们父母只有平等地对待孩子，与孩子像朋友一样相处，当他们犯错的时候，耐心地指出他们做得不对的地方，让他们意识到错误的严重危害，使其不敢再犯，这样才能够体现自己的威严，并延续彼此间的亲密关系。

三是拒绝暴力。孩子的天性都是纯真善良的，他们渴望与我们交流，也希望与我们做朋友。但是，他们讨厌暴力，害怕威胁，他们幼小的心灵承受不了恫吓和打骂。

因此，我们父母不要在孩子白纸一样的心灵上添加伤痛和恐惧，而应该传播和平与友好、善良和希冀。只有这样，才能与孩子友好相处。

四是耐心解答孩子的问题。孩子由于涉世不深，他们的小脑袋瓜里常常会产生很多疑问。我们父母阅历多，见识广，可以解决孩子的这些困惑。因此，要想和孩子关系融洽，就要满足孩子的好奇心，这样既让孩子学到了知识，又增进了与孩子的亲密关系。

五是多夸夸孩子。处于成长期的孩子，我们父母要多鼓励，少批评。当孩子没有把一件事情做好时，我们父母不可以用挑剔的眼光去看待他们，这样才不会挫伤孩子的积极性。

犯错时的孩子是比较脆弱的，我们父母应该增强他们的自信，引导他们走出低谷。这样，孩子才会把我们当知心朋友，对我们说心里话。

总之，我们父母要想和孩子做朋友，就不要把自己放在家长的位置上，让孩子有压迫感，而应该将身段放低，跟随孩子的节奏，与孩子换位思考，想孩子之所想，做孩子之所做，这样亲子间的关系才会更加亲密，相处的气氛才会更加融洽。

第三章　善于用语言引导孩子学习

语言是父母和孩子沟通的主要形式，每天父母都要和孩子说话，表扬孩子的，批评孩子的，教导孩子的，鼓励孩子的……但我们有没有仔细想过，使用什么样的语言，孩子才会听？怎样说话，孩子才会爱上学习呢？

生活中多夸夸孩子

我们的每个孩子，虽然身体尚未成熟，心智还很幼稚，但都和大人一样，希望得到别人的认可和肯定。因此，作为父母，我们在日常生活中要多鼓励孩子，肯定孩子的成绩，提高孩子的自信，不要动不动就批评、责怪孩子。

如果我们父母看不到孩子身上优点，不能肯定孩子的成绩，那么，孩子眼前的天空就永远是灰暗的，他们的生活也永远不会有希望，这样对孩子的成长是非常不利的。

请看下面这个事例，或许对我们父母教育孩子有一定的启发。

这天放学，小星进门就高兴地对妈妈说："妈妈，我美术课上画的一幅画老师说是全班最好的。"

"是吗？画的什么？"妈妈不经意地问道。

"是一幅风景画，我画的是我们小区的风景，老师夸我很有绘画天分呢！"小星拿出图画本，满脸得意地给妈妈看。

妈妈接过来看了一眼，说："哦！我知道了。快去做作业吧！"

看到妈妈轻描淡写的样子，小星非常失望，只好闷闷不乐地去做作业了。他不明白自己画画受到老师表扬，妈妈为什么一点儿都不高兴，也不夸奖自己。

我们许多父母总是忽视孩子的成绩，不重视孩子的进步，没有在最佳的时机激励孩子，从而造成孩子心里的失落。如果小星妈妈说：“是吗？真了不起，我家小星是最棒的！”这时，孩子必然会激发起极大的学习动力。

如果妈妈趁机说：“小星，绘画是你的强项，不过你在学习上也要加把劲，争取也得第一，有信心吗？”孩子必然会从妈妈的鼓励中增加斗志，在学习上更加用功的。

有一位教育专家曾说过：“理想的父母是永不对孩子失望，决不吝啬自己的表扬和鼓励，决不使用侮辱性批评的父母。”聪明的家长应该把孩子最微小的进步都看在眼里，并不忘给予鼓励。

作为父母，我们在教育孩子时，千万不要看不起他们，更不要拿自己的孩子跟人家的孩子比较，不要认为别人的孩子都是宝，自己的孩子却是草。要认识到自己孩子的长处，发展他们的长处，增强孩子的自信。

我们父母应该相信，每个孩子都是有巨大潜能的。我们只有充分认识到这一点，换一种眼光看孩子，用积极的态度对待孩子，他们才能发挥自己的潜能，将自己最出色的一面显现出来。那么，我们父母具体应该如何鼓励和夸奖自己的孩子呢？

一是要多用欣赏性语言。例如：遇到孩子事情做得好时，说“你做得非常好”“你是最棒的”“你太能干了”等。表扬时，可以说具体一点儿，要让孩子知道他到底是哪些地方好。

二是不要吝惜鼓励语言。如“你比以前强多了”“你做得已经很好了”“相信你会成功的”等。这些语言能够增强孩子克服困难、战胜困难的信心，锻炼孩子不惧挫折、勇于挑战的勇气。

三是要重视肢体言语的运用。例如亲昵的目光和表情，爱抚的姿态和动作等。我们父母亲切地对待孩子的态度，会使孩子身心愉悦，心情舒畅，有利于孩子在良好的气氛中增加自主学习的意愿。

四是不要求全责备。“人上一百，形形色色。”我们必须承认，孩子的智力是有差异的。对一些能力差的孩子，我们父母要从孩子自身的条件和兴趣出发，按客观实际设计孩子的未来，不要千篇一律地要求孩子都走一样的道路，应该多传递给孩子快乐的心情和自信的精神。

我国著名教育家陶行知先生早在半个世纪之前就曾经指出：教育孩子的全部秘密在于相信孩子和解放孩子。相信孩子，解放孩子，首先要赏识孩子。

学会赏识，应当成为我们每个父母的必修课。因为我们的孩子年龄尚小，见识尚浅，自我评价能力还弱，不知道哪些该做，哪些不该做。更重要的是，他们是独立的个体，需要在我们父母激励下前行和成长。

真诚地赞赏孩子，热情地鼓励孩子，放大孩子的优点和长处，让孩子在“我是好孩子”的心态中奋力前行。美国著名心理学家杰斯·雷尔说：“称赞对温暖人类的灵魂而言，就像阳光一样，没有它，我们就无法成长开花。”

日本教育专家和田加津说，作为母亲，我改变了过去一见孩子就批评、申斥的做法，而是经常鼓励、赞许孩子，说他是“好样的，干得不错！”相信每一个做父母的都希望自己的孩子既健康又快乐，既聪明又活泼吧？那么，请父母们每天都跟自己的孩子说一句：“你是最棒的！”

不说伤孩子自尊的话

我们父母在培养孩子成长的过程中，一定要尊重孩子，千万不要认为自己是长辈，就随意训斥、打骂孩子。每个人都有自尊心，孩子虽然年龄小，同样也有与成年人一样需要被尊重的自尊心。

伤害孩子的自尊心，犹如损伤一棵刚刚出土的幼苗，树苗就难以健康成长。不要以为孩子小就不尊重他们，他们也有自己的尊严。让我们看看下面这个案例，或许会给做父母的带来一些启发。

小轩是一个6岁的男孩，他性格外向，聪明活泼，心中藏不住事情，有什么事情总喜欢与人分享。小轩爸爸的个性与他正好相反。小轩爸爸性格内向，不爱交际，他很反感自己儿子嘻嘻哈哈的性格。

一天，小轩见到爸爸说："爸爸，今天妈妈教给我一首唐诗《秋风词》。要不要我背给你听听？"

"去去去，不就是背一首诗吗，也值得说一声？"爸爸不以为然地说道。

小轩解释说："爸爸，这首诗里面的好多字，我原来都不认识，现在我能够默写了呢！"

"一年级的学生了，写几个字也向我炫耀一下？"爸爸不满地说。

"可是……"小轩还想说自己学唐诗的体会，爸爸却不耐烦地说道："别说了，我还有事。快去写作业吧！"说完，"砰"地带上门进了自己房间。

看着紧闭的房门，小轩的笑容僵在脸上。从此，小轩脸上的笑容消失了，他害怕看到爸爸，对学习也提不起兴趣，他变成了一个像他爸爸那样少言寡语的人。

小轩本来有极强的学习能力和非常可贵的学习欲望，但是他的学习本能却遭到冷漠父亲的无情扼杀。

一个孩子年幼时的学习天性是非常可贵的，也是可遇不可求的，我们父母的职责是发现和呵护这种天性，而不是打击和毁灭这种天性。因为这种天性如果靠后天培养，需要漫长的时间和极大的精力。

有些父母在看到孩子成绩差时，常常把抱怨和怒火都撒向孩子，事实上这是不公平的。我们为什么不先从自己身上找找原因呢？究竟是孩子不好好学，还是因为我们的因素导致孩子厌学呢？

在很多时候，孩子并不讨厌学习，而是讨厌无法选择学习的内容：千篇一律的学习教材，让他们感到枯燥和厌烦；机械呆板的评分标准，又让他们抓狂和窒息。学校的分数、父母的预期像两座大山，压得他们步履维艰。在这种状况之下，孩子学习的本能和冲动被压抑住了，也就开始不爱学习了。

这里的根本原因不是孩子不爱学习，而是我们父母伤害了孩子学习的自尊心。自尊心是一个人成长的精神支柱，也是发展的内在动力，没有自尊心的支撑，无论是大人还是孩子，都是难以找到人生动力的。

为什么有的孩子自暴自弃，流落社会，最终走上违法犯罪的道路，就是因为他们失去了自尊心，失去了向前的精神动力！我们父母应该明白一个道理，无论任何时候伤害孩子的自尊心，都是贻害孩子的愚蠢行为。

在我们的生活中，践踏孩子的自尊心、不尊重孩子隐私的事非常常见。有时候，孩子的一件小事没有做好，父母就说他笨；一道题不会做，就说他榆木脑袋；一次考试分数低，父母就说他不用心；一个奖没拿到，就说他不给父母争气。有些父母只要看到孩子有一点儿不合自己的意，就指责孩子这不好那不行，更有甚者还会污言秽语、拳脚相向，毫不顾忌孩子的自尊心。一个好好的孩子，就是在这样语言和行为暴力中沉沦了，不再进取了。

我们都知道自尊心对于一个孩子的重要性，而处处打击孩子的自尊心，毁坏孩子的自尊心，这是父母严重不合格的表现。作为一个负责任的父母，应该发现孩子的闪光点，发掘孩子的优秀品质，保护孩子的自尊心。

对于孩子的缺点，我们父母应该分析原因，找出根源，想办法帮助他们克服和改正，而不是用简单、粗暴的方法去吓唬孩子、威逼孩子屈服。只有通过耐心、细致的思想工作，用充满爱心、善意的心灵渗透，才能激发孩子成才的自觉性，并帮助他们改造自己、完善自己。培养孩子健康成长，呵护孩子的自尊心，需要我们父母注意以下几个方面的问题：

一是孩子年龄越小，心灵越容易受伤。这就需要我们父母多一些微笑，多一份关怀，时常关心孩子的冷暖，用爱去温暖孩子脆弱的灵魂，让孩子从心底感受到父母的真情。

二是客观对待孩子的学习成绩。不要在孩子成绩好时就高兴，成绩差时就忧愁。要根据孩子的智力情况，调控孩子的学习进度，对他的微小进步都要及时给予鼓励，对孩子的迷惘和彷徨要及时给予引导和教育。

三是为孩子保持颜面。当孩子做了错事时，不要在大庭广众之下批评责怪孩子，更不能打骂孩子。这样做会使孩子难堪，并会严重伤害孩子的自尊心。

我们父母一个随意的举动就能让孩子失去自尊心，但是要重建孩子自尊却是非常艰难的。因此，在教育孩子的过程中，我们父母千万不可粗心大意。因为维护孩子的自尊，比培养一个孩子成才更加艰难，它对孩子的成长起着举足轻重的作用。

我们父母永远不要有一种错误的认识，那就是对自己的孩子随便说什么话都可以，甚至随意拿他来开玩笑或者唠叨抱怨，这样做会严重损害孩子的自尊心，并使孩子产生自卑心理。

在孩子做错事时，我们父母应该认真分析孩子犯错的原因，引导孩子认识自己的错误，然后提出自己的建议。请注意，千万不要将自己的意见强加于孩子，要采取宽容的态度，给孩子更多的时间和机会，让他们慢慢成长。

四是尊重孩子的隐私。每个人都有自己的秘密，孩子也是一样，我们父母不要以为自己是监护人，就监控孩子的一切，这样做，会让孩子觉得不自由和不安全。尤其是孩子不愿意公开的秘密，如果被公开，会使其无地自容，深受伤害。

苏霍姆林斯基曾经说过："人类有许多高尚的品格，但有一种高尚的品格是人性的顶峰，这就是个人的自尊心。" 自尊与自信心、进取心密不可分，也是培养责任感、荣誉感的内在条件。也就是说，拥有自尊心是获得美好品德的重要保证。

因此，我们父母一定保护孩子的自尊心，尊重孩子的个人人格，促使其养成自重、自爱、自强的品格和超强的责任感。只有这样，孩子长大成人后才懂得尊重别人，也能获得别人的尊重，才容易在自己从事的事业中获得成功。

理智地面对孩子的争辩

我们有不少父母希望自己的孩子既聪明又听话，既有主见又能与父母保持一致。这其实是一件两难的事情，世界上怎么可能有既有主见又像绵羊一样听话的孩子呢？这不是异想天开吗？

人人都喜欢“听话”的孩子，但是我们有没有想过，如果一个孩子从小就“听话”顺从，那么他性格里逐渐养成的胆小、缺少主见等后果，会给长大成人的自己带来怎样的后果呢？

这样的孩子必定缺少判断能力，没有主见，遇事惊慌失措，难以承担独立的工作，试想，我们敢把这样的孩子交给社会，让他独立生活吗？

如何培养具有独立思考能力的孩子，怎样塑造孩子果断、勇敢等品质，这是每个父母都应该认真钻研的学问。当我们遇到孩子顶嘴时，当孩子反抗我们时，我们应该怎样做？是靠权威对孩子进行呵斥压服，还是使用攻心战略，以温情化解孩子的抗拒，这都是我们父母应该研究的问题。

请看下面一个事例：

有天晚上，方方正绞尽脑汁地写作业。爸爸走了过来，他看了一眼儿子的作业，发现一题做错了，便拍拍儿子的肩头说：“儿子，儿子……”

方方这时正为解一道难题而发愁，便一耸肩膀说道：

“别烦我！我忙着呢！”

看到方方的样子，爸爸有些生气，便说：“你有道题做错了，还不让人说了？”

方方说：“我做错没做错，自己有心中有数，你别来捣乱好不好？”

爸爸更加生气了：“你有数还做错，再说我怎么就是捣乱了，我是在指出你的错误。”

方方反驳说：“就是有错，你也等一会儿啊！我这会儿的思路就被你打断了。”

爸爸更气愤了：“你以为我就没事啊，天天跟着你？你既然不愿意我指出你的错误，我就不管你了！”

爸爸说完甩手而去。方方也赌气说：“谁稀罕你！”

这天晚上，方方因为与爸爸争吵，头脑中更加混乱，心情也非常郁闷，作业一直到十二点都没有做完。

在这个事例中，方方的爸爸指出方方题做错了没有选对时机，致使方方一晚上情绪不佳，严重影响了孩子的正常学习。这是方方的爸爸应该认真反思的！

我们父母在与孩子发生冲突时，最重要的就是保持冷静。作为成年人，我们应该有这样一份忍耐力，也有责任为孩子创造一个和谐、安定的学习氛围，否则不仅会影响孩子的学习，还会伤及亲子关系，影响孩子的身心健康。

我们父母应该明白，争辩也是孩子成长之路上必不可少的一课，特别是叛逆期的孩子，很少有不与父母发生争吵的。此时我们父母要做的，就是保持冷静，即使是争辩，也应该心平气和地争，和颜悦色地辩，力争用道理说服孩子。

假如孩子态度恶劣，自己也情绪激动，最好是等到心情平静下来以后再说，千万不要和孩子发生正面冲突，那样不仅有损自己在孩子心目中的形象，而且也会给孩子的心里留下阴影，为以后的相处埋下隐患。

当孩子与我们父母发生冲突时，我们不妨在心底首先问自己三个问题：

一、孩子心情不好，是不是在学习和生活中遇到了什么难事？自己为什么没有及时察觉并帮助他？

二、我们是不是在无意中伤了孩子的自尊，让他反感或者不乐意了？

三、孩子说的话是否有一定道理？我们是否有什么地方做错了而自己还不自知？

当我们在自己心里问过这些问题后，应仔细梳理一下自己近期的行为。是自己错了，就立即向孩子承认错误；如果是孩子的问题，我们也可以等双方的情绪都平静下来后，找孩子谈话，指出孩子的问题。注意，一定要心平气和。其实孩子与大人争辩，也只是一时之气，过后他们也会觉得后悔。

这样做既间接让孩子学习了控制情绪的方法，也保持了我们在孩子面前的长者形象，便于以后更好地交流。

无论什么时候，我们父母都不要把自己的意志强加在孩子身上，要尽量为孩子创造了一种宽松、平等的氛围。哪怕是在争辩的时候，我们父母也应该保持一种长者之风，要以理服人，不要以大欺小，以老欺少，强权作风只会增加我们与孩子之间的隔阂，对教育孩子不会有任何效果。

我们父母一定要记住：我们与孩子是一种平等的关系，而不是高人一等的关系，更不是管教与被管教的关系；亲子之间的争辩是提升知识水平、掌握新知识的途径，而不是市井街道家长里短的骂街和争强好胜的斗嘴。

理解了这一点，争辩就将成为我们父母与孩子一起前进的媒介和通往成功的阶梯，无数次争辩会为我们和孩子共同成长、共同进步铺设出一条宽阔明亮的锦绣大道！

大科学家爱因斯坦曾经说过："我就只想生活在这样的国家里，这个国家中所实行的是公平、自由、宽容，以及在法律面前公民一律平等。公平自由意味着人们有用言语和文字表达其政治信念的自由；宽容意味着尊重别人的无论哪种可能有的信念。"

我们的孩子也一样，他们也向往"公平、自由、宽容"的环境。因此，我们父母在与孩子争论时，一定要顾及孩子的心情和想法，尽量以平等的姿态对待他们，使孩子在宽松的气氛中畅所欲言。这样，孩子才会说出自己的心里话，我们父母才有可能成为孩子的亲密朋友。

回答孩子的提问要有耐心

如果孩子总是缠着我们，喜欢问这问那，那就说明这个孩子具有强烈的求知欲！我们父母一定要满足孩子的好奇心，耐心回答孩子的问题。

当我们的孩子看到一个他从来没有见过的事物，并对此提出疑问时，作为父母，千万不要表现出冷漠的态度，而应该像孩子一样好奇和惊讶，要让孩子感觉到，我们与他一样有极大的热情。这样，孩子探索新生事物的积极性才会高涨，也才会更喜欢探索周围的世界！

那么，我们应该如何对待孩子提出的疑问，并满足他们的求知欲望呢？请看下面一个事例。

有一次，8岁的瑞瑞突然问妈妈："妈妈，我是你生的吗？"

看着睁着一双明亮大眼睛的孩子，妈妈笑着说："是啊！你是我生的。"

"那么，你又是谁生的呢？"

"我是你外婆生的啊！"

瑞瑞又问："外婆是谁生的呢？"

妈妈说："外婆是外婆的妈妈生的！"

"那外婆的妈妈的妈妈，一直往前，最早的时候，人是哪里来的？”

妈妈说：“这个问题，我现在说了你可能还不能理解，据科学家研究，最早的生命起源于脂类分子，也可能起源于核糖核酸。现在连科学家都还没有确定呢！”

为了不使瑞瑞失望，妈妈说：“瑞瑞，你快点长大吧！长大了学习了知识，这一切都会弄明白的。”

小孩子突发奇想，向父母提一些没有边际的问题，这种情况不是个例，但是怎样对待它，父母们的态度就不同了：有的父母像上面瑞瑞的妈妈一样，耐心解释；有的却不耐烦地将孩子赶走；还有的会将孩子大骂一顿，使孩子从此禁言。不同的态度会培养出不同的孩子，作为父母，你会采取什么态度呢？

孩子能够向我们提出一些稀奇古怪的问题，说明他善于动脑筋，喜欢观察生活中的事物，这样的孩子，如果我们父母善于引导，能够启发孩子探索事物的积极性，那么长大后一定是了不起的人。

孩子会一天天长大，我们父母也应该在陪伴孩子成长的过程中，发挥自己的作用，满足孩子的求知欲望，逐渐让孩子长成一棵对国家、对社会有用的参天大树。那么，我们到底应该如何做呢？

一要仔细听取孩子的提问，不要敷衍他。孩子在接触社会和上学后，会对自己看到的一些新奇现象产生疑问，他们就会向父母发问，希望我们父母能够为他们解惑。

此时，我们一定要用充分的耐心、和颜悦色的态度来对待孩子的求知欲望，这样就能鼓励孩子思考问题，提高孩子探寻未知领域的兴趣，为提升孩子的智力打下基础。

二要重视孩子的提问，同孩子一起认真讨论问题，找到答案。

常言道："要给孩子一滴水，自己得有一桶水。"要想给孩子满意的答案，父母必须要有学习意识，不懂的东西应想办法查资料，自己弄懂后还要用通俗易懂的语言讲给孩子，让孩子也明白。

三要对孩子敢于提问给予鼓励。孩子能够提出问题，就说明他是一个善于思考、喜欢动脑筋的孩子，无论他提的问题有无价值，我们父母都要给予肯定和鼓励，特别是第一次和最初阶段这种鼓励更重要。

当然，表扬要适度，不能夸大！要力争使孩子从我们父母的评价中感觉到他所提问题的分量，并向积极的方向发展。

总之，对孩子的疑问，我们父母一定要慎重对待，决不可以敷衍了事。在生活中，我们还可以带孩子走出去看一看，如参观科技馆、博物馆、恐龙纪念馆等，增长孩子的见识，拓展孩子的视野，激发孩子的好奇心，提高他们的自主学习能力。这样长此以往，我们的孩子就一定会越来越聪明！

多激发孩子的好奇心

好奇是孩子的天性，这种天性使孩子从一生下来就对世界感到新鲜，就想探求世界的秘密。假如人类缺少这种天性，那么无论延续多少年，恐怕都是原始社会的样子。因为没有好奇，就没有创新；没有创新，人类就没有生产和生活的动力。

换句话说，好奇心是创新精神的源泉，人类的发展来源于好奇心。因此，作为父母，我们有一个重要的责任，那就是培养孩子的好奇心，使孩子成为适应时代要求的创新人才。

对孩子好奇心的培养，可以从日常生活中做起，从小事做起，从点点滴滴做起。长年的、润物细无声的教育能够使孩子从小就拥有这种特质。请看下面一个事例：

一天文博在做作业时，看见正在准备做菜的妈妈，拿出几个鸡蛋放在案板上，却有个鸡蛋“骨碌碌”滚下案板摔得稀烂。文博很好奇地问：“妈妈，鸡蛋为什么会从案板上掉下来呢？”

妈妈笑着说：“因为鸡蛋是圆的，会滚动，它才会掉下来的。”

后来，文博在画画时，她的妈妈发现孩子画了一个方形的鸡蛋，就好奇地询问道：“孩子，鸡蛋都是圆的，你为什么画成了方形的呢？”

文博天真地回答说：“我看见妈妈做菜时，鸡蛋滚到地上摔烂了，挺可惜的。我想鸡蛋如果是方的，就不会摔烂了啊！”

妈妈听了，欣慰地说道：“孩子，不错啊！你竟然想出了方形的鸡蛋，真是个好孩子！”

文博听了妈妈鼓励的话很高兴，从此以后，她对任何事物都爱观察一番，有时候，对不合意的东西还会像改造鸡蛋一样，对其进行改头换面呢！

我们父母应该明白，一个孩子拥有好奇心是非常重要的，它是一种极为宝贵的心理品质。孩子的好奇心是与学习热情成正比的，也是相互促进的。好奇心强的孩子，学习热情就高；反之，缺乏好奇心的孩子，自然也没有多高的学习热情。

因此，对于孩子表现出来的好奇心，我们父母要多给予表扬和肯定，使其得到有效的保护和发展。不仅如此，我们还要采取多种方法，引导和挖掘孩子的好奇心，让孩子的好奇意识长存在脑海里。

很难想象，一个好奇心泯灭的人，会对学习产生兴趣；更难以想象，没有好奇心的人，在面对浩瀚无垠的知识海洋时，会有钻研的冲动。那么，作为父母，我们应该如何激发孩子的好奇心呢？

一要启发孩子的好奇心。孩子都有一双探索的眼睛，当他们看到新奇的事物时，就会向我们父母发问。如果孩子问我们问题，我们一定要慎重对待，千万不要胡乱回答，而应该用自己的学识引导孩子去探索、去学习，以满足孩子的求知欲。请不要抹杀孩子的好奇心，否则我们会后悔剥夺了孩子求知的权利。

二是对于孩子提出的问题不要一口说出答案，应该多引导孩子自己探索，自己推论，给他们讲得要尽量少些。我们父母应该把学习知识、探索知识的权利交给孩子，让他们根据自己的想法、自己的体验，以他们自己的思维方式去学习和认识。

当然，我们也不能当甩手家长。在孩子学习的过程中，我们应该注意孩子对哪些东西感兴趣，想办法帮助孩子对这些兴趣进行深化或研究，这样才更有利于孩子好奇心的培养。

三是不要打击孩子求知的积极性。当孩子对一些事物不理解或者学习上难以进步时，我们父母应该及时提供帮助，解决孩子的难题，而不是冷嘲热讽打击孩子的积极性，浇灭他们的好奇心。教育孩子，关键是鼓励和表扬，不能因为一点儿挫折就挫伤孩子的学习干劲。

四是给予孩子真诚的关爱。我们父母要理解孩子，宽容地对待孩子，让他们充分认识自身的价值，充满自信地去尝试和创新。另外，在生活上也要关心孩子。除了让他们吃饱穿暖，还要在身体素质的提高上做文章。千万不能让孩子成了学习上的佼佼者，却成为身体上的病秧子。

总之，作为父母，我们要想方设法激发孩子的奇思妙想，而不是压抑孩子的好奇心理；要鼓励孩子多方面发展兴趣，而不是让他们只关心考试，只在乎分数，对其他的事情漠不关心。只要我们父母努力为孩子营造出好的学习氛围，激发孩子的学习兴趣，就一定能够培养出一个对国家、对社会有用的人才。

用讲故事引导孩子学习

每一个孩子都喜欢听故事，而故事是引导孩子学习的最好工具。身为父母，我们要把讲故事作为引导孩子学习的一种手段。我们不仅要讲书中的故事，讲自己的故事，还要学会将孩子编到故事中去，这样就可以有效地吸引孩子的注意力，并使他们在听故事的过程中积极开动脑筋。

或许，讲故事谁都会，但是要想真正把故事讲好，并通过讲故事达到促进孩子学习的目的，并不是一件容易的事!

我们知道，每个故事都有几个要素，那就是时间、地点、人物、事件、原因。无论什么故事，都必须有这五个要素，才算完整。否则，就不能算是一个有头有尾的故事。

这里所说的时间，就是指故事发生的时间；地点，即故事发生的地点；人物，指这个故事中出现的主要人物；事件，即围绕这些人物要展开的故事；原因，就是为什么会发生这些故事。

理清了这些思路，讲故事就相对容易了。但是我们父母应该明白的是，在讲故事时，对人物和地点的描述一定要清晰、生动，这样才能使孩子以一个感性的画面进入情节，并引发他们的思考。

下面请看一个事例：

莉莉是一个看似没心没肺的孩子，不大爱学习。每天放学回家，放下书包就跑出去玩，从来没有操心过写作业。妈妈看到她的样子，非常着急，便苦口婆心地劝她好好学习，可她总是一个耳朵进，一个耳朵出，全不当一回事。

一天，妈妈见莉莉疯跑回来，仍然不想做作业，非常伤心，便把她叫到身边说："莉莉，今天妈妈给你讲个故事听吧！"

莉莉听妈妈说要讲故事，马上有了精神，说："好呀！好呀！快讲给我听。"妈妈说："你坐下来，我慢慢说给你听。"

等到莉莉坐到了妈妈身边，妈妈说："我小时候也是个淘气的孩子，不爱学习，总爱到处玩耍，上课听讲还总是走神，每次考试只能将将就就考60分。可不知为什么，小学即将毕业的时候，我突然向往起中学的生活来。我想象新学校的样子，想象新学校的老师和同学，很想快一点儿投入新的生活中去。可是就在这时，你的外公突然因一场大病住进了医院，并且再也没有回来，而我也失去了读中学的机会。"

妈妈见莉莉听得入迷，继续说道："你外公去世后，我再也没机会读书，只能去工作补贴家用。可是上班后我才知道，我的文化水平太低了。为了生存，我只好拼命补习功课。我把节假日和晚上休息的时间全部用上了，可工作起来依然很吃力。唉！要是有你这样好的条件……"

妈妈说到这里，伤心地掉下了眼泪。她擦了擦眼泪对莉莉说："妈妈没用，不能给你提供好的学习条件，也没法辅导你学习，妈妈今后也没脸再劝你好好学习了……"

妈妈说到这里，再也说不下去，便站起来回到了自己房间。莉莉听了妈妈的故事，内心受到了极大的触动，她来到妈妈面前，替妈妈擦去眼泪说：“妈妈，对不起！是我惹你伤心了，我知道自己错了，我今后一定用功读书。我现在就去做作业。”

在这个故事里，莉莉的妈妈将自己的亲身经历讲给孩子，以情动人，以情感人，拉近了与孩子的距离，走进了孩子的内心世界，达到了教育孩子的目的。

我们父母在讲故事时，如果发现所讲的故事不能打动孩子，或者孩子反应平淡，这就意味着我们讲的故事没有达到预想的效果，就要反思我们所讲故事的内容或者形式有什么问题。

如果找出了问题，就换一个时间，换一种方式，重新给孩子讲，直到达到我们的目的。那么，讲故事时，如何才能达到最佳效果呢？

一是表达要清楚准确。讲故事时尽量不用“可能”“好像”之类的句子，这些不确定的话，显得我们的故事太假，没有说服力。例如故事的时间发生在2021年就是2021年，不要说好像是2021年。

二是多使用场景语言。例如在描述天气时，我们如果说“那天因为天气很冷，方方穿得很厚”，就不如“那天天上飘着大雪，方方头戴棉帽，身穿红色羽绒服”。这种语言生动形象，引人入胜，最能吸引孩子的注意力。

三是开门见山。我们父母在讲故事时，不要有拖沓的开场白，这样会使孩子失去兴趣。合理的做法是，开门见山，勾起孩子的注意力，并顺着故事发展脉络，娓娓动听地讲下去。这样孩子的心理往往会被后期的期待所吸引。

四是故事要有吸引力。如果我们讲的故事，孩子听了半天，没有半点反应，或者孩子听着听着，瞌睡哈欠连天，那就说明我们的故事对孩子没有吸引力，这时就应该考虑重新选择故事了。

五是善于运用语言技巧。如果我们不想平铺直叙地讲故事，可以采用倒叙的方法，这种方法常常会使听故事的孩子最后有一种恍然大悟的感觉，当然也有可能使他的心理期待突然落空。

六是快速地进入主题。我们父母在讲故事时，无论用哪种手法，也不论采用什么技巧，都应该紧紧围绕主题，并将自己想要表达的观点传递给孩子。如果故事讲了半天，孩子还不明白我们讲的什么意思，那么，就是故事讲得再精彩也没有什么意义。

总之，我们父母给孩子讲故事的目的，是通过故事给孩子施加积极影响，教育孩子树立正确的人生观念，培养良好的学习习惯，使孩子在学习上更上一层楼。因此，我们的故事要兼顾教育性和趣味性，要使不同年龄段的孩子受到不同的启发。只有这样，才算是发挥了我们给孩子讲故事的真正作用。

第四章　端正孩子的学习态度

一个孩子良好的学习态度，主要表现在有主动学习的兴趣、能合理安排学习时间、尊重学习的对象、信任自己的学习能力、不急于求成等。

端正孩子的学习态度，需要我们父母引导孩子长期地地磨炼，持久地努力。只要坚持不懈，良好的学习态度才能够形成。

让孩子养成学习的好习惯

学习习惯是我们的孩子在学习过程中经过反复练习形成的一种学习方式。良好的学习习惯，对于培养孩子的自主学习能力，激发孩子的学习积极性，提高学习效率，增强创新精神和创造能力都有极其重大的作用。

英国哲学家培根说："习惯真是一种顽强而巨大的力量，它可以主宰人的一生。"我们父母应该通过教育和引导，让自己的孩子养成良好的学习习惯。

好的学习习惯能够使孩子面临相似情境时做出经过实践检验的习惯反应，这种反应能够节省孩子的脑力和时间，使他们比其他孩子有更多的精力和时间应对身边的难题，并轻松地解决问题。

想一想，我们的孩子早上起床时候的一系列动作，穿衣、洗漱、出门上学，这些日复一日重复的活动已经变成了自动化的"习惯"，孩子不必花很多精力就可以做好，甚至睡得迷迷糊糊起床也照样可以一丝不苟地完成该做的事。

一个具有优秀学习习惯的孩子，他的思想会随时指挥自己按照平时的习惯，自觉地做与学习相关的事，而且做得轻松自然、不急不躁。这种习惯只要养成，孩子便会终身受益。下面我们看一个故事：

婷婷上四年级时，从老家转到妈妈工作的城市上学。

婷婷妈妈在检查她写的作业时，大吃一惊。原来婷婷的语文作业，字写得大的大，小的小，歪歪扭扭，非常难看。

更令她妈妈生气的是，婷婷写字经常多笔少画，错别字更是满篇都是。婷婷做数学作业，连题都会抄错，应用题做完了常常也不写“答”。

对待这样一个“粗心大王”，婷婷的妈妈决心从改变孩子的习惯入手提高她的学习成绩。婷婷妈妈认为，婷婷的习惯不是一天养成的，久病不能用猛药，应该一步步引导孩子爱上学习。

婷婷妈妈首先用游戏引路。粗心与儿童的记忆力、观察力有直接的关系。记忆力差、观察能力低的孩子往往容易粗心大意。

“玩”是孩子的天性，婷婷妈妈选择让孩子玩一种叫“大富翁”的游戏，让孩子读懂卡片上的文字说明，看清骰子的点数，计算准确前进的路程。这种有趣的益智游戏，培养了孩子的记忆力和观察能力。

接着，婷婷妈妈又培养孩子养成检查的习惯。她让孩子朗读故事书，自己在一旁听，只要发现婷婷读错了就及时更正。

接下来，妈妈又让婷婷监督自己读书，有时妈妈故意在有趣的地方加字或减少词语，看婷婷能否发现读错了，如果发现就及时给予表扬和鼓励。

做家庭作业，婷婷完成后，妈妈一定让孩子检查一遍。开始如果检查不出，待第二天老师批改后，再给婷婷解释。以后，婷婷妈妈也介入进来进行检查，发现错误就让婷婷立即改正。

在课余时间，婷婷妈妈还给婷婷布置了临帖写字的练习，她给孩子买了与教科书同步的字帖，每天让婷婷必须练字15分钟。婷婷妈妈用练习字帖来校正孩子写字时的坏习惯。

渐渐地，婷婷粗心大意的毛病少多了。一年下来，她不再丢三落四、抄错题目了，错别字也减少了。婷婷妈妈还想了其他办法，让孩子逐步改掉了以前的许多不良习惯。

我们在这个故事里看到，孩子的不良习惯是可以改变的。关键是我们父母用不用心，如何督促孩子。那么，作为父母，我们应该让孩子养成哪些好的习惯呢?

培养孩子良好的学习习惯，我们父母应该从专心、思考、细致、读书以及让孩子学会记笔记、制订计划、回顾总结、吸取错误教训等多方面去下功夫。

专心就是培养孩子认真学习的习惯。中小学时期的孩子，大部分还没有形成自学的能力，而且由于年龄小、自制能力差，常常不能集中注意力进行学习。为此，我们父母应该教育孩子在学习时要专心致志，不要开小差，不要东张西望，要把全部精力都用在学习上。

思考就是培养孩子思考问题的习惯。孩子在学习过程中，可能会遇到一些自己不能解决的问题，当孩子向我们父母求助时，我们不能立即把答案告诉孩子，而要采取一切方法引导孩子思考，让孩子通过学会思考解决难题，又通过解决难题锻炼思考问题的能力。

细致就是培养孩子不马虎的习惯。孩子的细致习惯要从小开始培养，例如让孩子书写工整、认真完成作业、做事不丢三落四等。

培养这种习惯要从提高孩子的责任感和正确率入手，使孩子充分认识到马虎的巨大危害。

培养孩子读书的习惯。我们父母应该为孩子购买、订阅适合他们阅读的图书，与孩子们一起阅读，共同学习。有时间的时候还可以与孩子一起讨论书中的问题，写出读书笔记。

让孩子养成记笔记的习惯，能够在关键时刻使孩子产生“下笔如有神”的惊人效果。孩子在读书时随手记笔记，应突出知识的重点和难点，这样有利于复习和巩固。常记读书笔记还可以克服记忆力差的缺陷，提高学习效果。

在孩子稍大一点时，我们父母要教会孩子养成制订学习计划的习惯。“凡事预则立，不预则废。”制订适合自己的学习计划，能使孩子对自己的学习和生活有一个明确的把握。

而缺少计划的孩子，学习的时间和精力不能得到科学的分配，不能掌握学习的主动权，对于自己每天应该学什么心中无数，只能被动应付作业和考试，最终只会一事无成。

我们父母应该明白，制订计划是为孩子提供一个奋斗目标，激励孩子前进的一种方法和措施。制订计划的方式有多种：可以是长远计划，也可以是短期计划；可以是单项计划，也可以是综合计划……总之，要根据自己的实际情况，具体情况具体对待。

制订计划时，不要把计划订得太死，要有变通的余地。缺乏灵活性、不能随机应变的计划，一般都难以执行；而订得太松、缺乏严肃性的计划，又形同虚设，起不到计划的作用。

另外，制订好一个计划，要先征求孩子的意见，让孩子提出自己的见解，这样才能保证计划的正常进行。在执行计划的过程中，我们还要让孩子明白，耐心和毅力是成功的基石，一遇挫折就轻言放弃还不如不订计划。

当然，对于计划实施过程中出现的新情况或新问题，我们父母也要与孩子一起及时解决，适当调整，千万不能让人为的框框阻挡了孩子行进的步伐。

制订计划最明显的作用就是能够帮助孩子合理地利用时间。时间对每个人都是公平的。一样的时间，有的孩子从容不迫，游刃有余；有的孩子却手忙脚乱，一塌糊涂。实际效果更是天差地别，前者成绩优异，后者难尽如人意。

有的孩子抱怨除了上学、吃饭、做作业，没有多余的时间供自己安排；还有的孩子临到考试时才知道有很多东西没有复习。这些都是不会科学利用时间的表现。因此，制订计划，合理地利用时间，是每个孩子提高学习效率的重要途径。

我们父母还要让孩子养成总结学习方法的习惯。有些孩子的学习态度非常认真，做作业也从不马虎，但是每次考试的时候，他们的成绩总是不理想。面对试卷，他们觉得许多知识都似曾相识，但是具体细节却总是想不起来，最后的考试结果可想而知。

还有的孩子头脑聪明，老师讲的知识一听就懂，平时的作业也从不为难。可考试的时候，一些综合试题却总是做不对。等到老师讲解试卷后，他们又会恍然大悟："原来是前后的联系没有看透。"

这两种孩子的问题是比较普遍的。他们所表现的是一种学习能力的欠缺，也就是不会"回顾总结"。懂得回顾总结的孩子，各个学科的基础知识就学得好，综合能力也会比其他孩子强。

懂得回顾总结的孩子，学到的知识体系更加完整，知识脉络更加清晰，更为重要的是，它能够使孩子找出知识间的内在联系，将前后知识融会贯通，并最终理解和完全掌握。

因此，我们父母一定要培养孩子在学习过程中的这种能力。只有多进行复习，懂得归纳总结，才能牢固地掌握所学知识，才不会为后面不断涌现的新知识所迷惑。

最后，我们父母要教会孩子养成从错误中吸取教训的习惯。一般来说，让孩子从自己的错误和失败中学到的经验教训，往往比他们从自己成功的经验中获得的感触更为深刻。

因此，我们父母不要怕孩子犯错误，甚至从某种意义上说，犯错误正是孩子学习的最佳时机。

无论是多么聪明的孩子，没有不犯错误的。我们父母要做的是，引导孩子正确地认识自己的错误和失败，让他们从错误中总结经验教训，引以为戒，并由此获得宝贵的经验和知识，一步一步成长起来。

总之，习惯的力量是强大的。它能够指引我们沿着一条光明的大道不断前进，直至达到人生巅峰；它也会让我们躺在懒惰的被窝里止步不前，最后变得一无是处。我们每个父母千万不可粗心大意，以免使孩子误入歧途。

纠正不良的学习心态

有的孩子头脑聪明，但在学校却永远是一副得过且过、当一天和尚撞一天钟的懒散派头。他们在学习上不求上进，位居中游，从来没有想过要改变现状。其实这类学生努力一下，完全可以进入前几名的行列，但他们每天不求有功，但求无过，一副死猪不怕开水烫的样子。这类孩子的表现常令我们做父母的非常无奈。

请看下面一个事例：

期中考试结束后，小涛妈妈来到学校参加家长会。家长会结束后，老师专门留下小涛妈妈说：“小涛是一个非常聪明的孩子，只要他上课不调皮捣蛋，认真听讲，成绩应该在前几名，希望家长与我们一起努力，提高孩子的成绩。”

小涛妈妈连连答应说：“谢谢老师，我回去一定好好找小涛谈谈。”

小涛妈妈回家后，压住心中的火气对小涛说道：“儿子，你对这次的成绩满意吗？”

小涛说：“挺满意的呀！妈妈，我这次名次比上学期还提前了一个名次呢！”

“老师说你只要认真听讲，可以考得更好啊！”

小涛说：“妈妈，我认真听了啊！可是有的我听不懂，就不想听了！”小涛还振振有词。

“听不懂就不听了？你这是什么学习态度啊？”妈妈的火气冒出来了，“听说你还影响别人上课！”

小涛看妈妈脸色变了，立即说：“妈妈，您别生气，我下次改还不行吗？”

“只是口头上改还不行，要从实际行动上改才行。”妈妈说。

小涛嘴里小声嘟囔道：“差不多就算了……”

我们看看，小涛就是典型的这一类学生。他们并不是学不好，而是不愿意学，不想动脑筋，这就是懒散的一种外在表现。

我们每个父母都希望自己的孩子能够严肃认真地对待学习，因为从小到大，学习将一直伴随着他们成长。如果他们自始至终都能严格要求自己，踏踏实实地学习，必然能成长为一个对社会有用人才。但是如果他们不思上进，得过且过，其前途就令人担忧了。

那么，我们父母有没有想过导致孩子不求上进的原因是什么，孩子是如何变成这样，这种心态的根源又在什么地方呢？一般来说，有以下几种原因会使得孩子持有“得过且过”的心态：

一是孩子周围分散注意力的事物太多。即使是成年人的精力也是有限的，当集中精力来做一件事的时候，周周的声响便无法对他构成干扰。这是由于其精力饱和，无法再承载其他的外界信息的缘故。

小孩也是如此。相比于大人来说，虽然周围的事物都是些简单的事物，像是漫画、游戏等，殊不知在孩子的瞳孔里这些已经被放大成了整个世界。他怎么还能允许学习来“入侵”他的快乐王国呢？

二是孩子学习的方法不对路。不会学习的孩子学得苦，学得累，经过努力到最后没有什么收获，自然会提不起精神，时间长了，最初的求知欲也就被磨蚀得差不多了。一个人的具体行为纠正起来并不麻烦，但是要想改变他的思想观念，以及反映观念的态度，却不是一件容易的事，我们父母要一步一步来。

其三就是过分管束。爱玩儿是孩子的天性，这一点对孩子学习的影响毋庸置疑是第一位的。有些父母为了不让孩子玩耍，整天让孩子对着书本，节假日还让各种辅导班占去孩子的大部分时间。这样的孩子成绩可能优于其他人，但是他们往往性格内向，受挫能力较弱，与社会发展所需的人才并不相匹配。这是家庭教育的一个极端。另外一个极端就是过分纵容孩子，由着孩子的“天性”，对孩子不做任何要求，从而使得孩子也得过且过，不求上进。

儿童天性里有许多成人无法拥有的东西，例如丰富的想象力、奇特的创造力等，但这些优势只有通过一定的载体才能发挥作用。其实学习就是很好的一个载体，只是有的孩子没有入门就被知识表层的灰白吓到，转而去“探索”其他花花绿绿的世界。

我们父母对待这样的孩子，一定要选择一个平衡的支点，并巧妙地采取一些方法引导孩子对学习和书本产生兴趣。有些父母遇到自己的孩子不爱学习，一般都很心急，不是忙着讲道理，告诉孩子不好好学习的严重后果，就是忙着给孩子报补习班，给孩子恶补各方面的知识。其实这些都是治标不治本的做法。

要让孩子主动学习，我们父母可以尝试从培养孩子对学习的兴趣入手。爱因斯坦说，兴趣是最好的老师。无论是谁，在兴趣的作用之下，都会想把事情做到最好。学习有了兴趣，态度也自然就端正了。培养孩子的学习兴趣，不妨从下面几个方面入手：

一是想办法找出孩子的兴趣所在。在日常生活中，我们父母应多方面观察孩子，看看孩子对什么感兴趣，从生活细节中发现孩子的兴趣点，然后针对孩子的兴趣采取相应的措施。

例如，让孩子参加自己感兴趣的补习班，给孩子买相应的器材，帮助孩子做实验，等等。

二是让孩子体验到学习带来的快乐。每个人都在意别人对自己的评价，孩子更是如此。如果在学习上取得了成绩，我们及时鼓励他、表扬他，他的学习劲头就会更大。反之，如果他体验不到成功的喜悦，则会对自己失去信心，并丧失学习的动力。

如果我们的孩子对完成作业有困难，我们可以把习题进行分解，让他从容易的习题着手，当他完成了简单的基础部分后，再步步递进。这样从易到难，可以调动孩子学习的积极性，使孩子不会对学习有畏难情绪。

三是不要以成绩好坏衡量孩子。有的父母把分数作为衡量孩子好坏的唯一标准。孩子考试成绩好，父母就说他是好孩子；一旦没考好，就说孩子没有努力，就给孩子脸色看。这样的心理如果不能及时纠正，会极大地危害孩子的身心健康。

四是应多向老师请教，让孩子有一个正确的学习方法。好的方法常常能使孩子轻松地驾驭学习，而不会有被动的吃力感。我们父母最好能在孩子刚接触课本的时候，适当地为孩子规定长短适宜的学习时间，让孩子逐渐养成学习的习惯。

总之，我们父母要根据孩子的特点，用不同方法纠正孩子的不良学习态度，要针对孩子的学习困难，帮助他们找出困难的症结，提高孩子的学习兴趣，调动他们的学习积极性，鼓励他们战胜困难，使他们变厌学为乐学。

帮孩子找到合适的学习方法

当我们的孩子学习成绩总是不能提高时，当孩子总是为不会做数学题而发愁时，作为父母，我们有没有反思过，是不是孩子的学习方法出了问题呢？

每个孩子都有不同的学习方法，别人家的孩子成绩再优秀，他的学习方法也不一定适合我们的孩子。每一个孩子都有与众不同的一面，我们父母一定要帮助孩子找到适合他们自己的学习方法。

世界上不会有两人的个性完全相同，就如同不会有两片完全相同的树叶一样。每个孩子的气质、性格、能力、身体条件等都有不同。科学的学习方法必须适合孩子的个性特征，其他孩子的方法再好也只能为我们提供借鉴。

比如说，有的孩子喜欢待在安静的环境中看书，有的孩子喜欢在人多的环境中学习；有的孩子喜欢独自思考，有的孩子喜欢与人讨论；有的孩子生下来就喜欢听音乐，有的孩子长大后爱好画图画；有的孩子记忆力超强，有的孩子记东西怎么也记不住；有的孩子天生喜爱数学，有的孩子则从小爱好语文……

因此，别人家的孩子的学习方法对我们的孩子来说就不一定适用，我们应该帮孩子找到适合自己的学习方法！读读下面一个故事，看看是不是会对我们有一些启发呢？

小博是初二的尖子生，每天上课时，他不像很多同学一样，总是忙着抄老师写在黑板上的板书，而是简单地记几个字就去听老师讲课了。可是做作业时，他却比其他同学做得快，而且很少有错。

放学后，很多同学都忙着回家做作业，他却没有大家那么忙，他会去篮球场上玩一会儿篮球或者去乒乓球案子上打一会儿乒乓球才回去。奇怪的是，他每天都能按时完成家庭作业。

同学们都说小博是天才，小博自己却不这么认为。有一次老师让小博介绍一下自己的学习方法，小博说出了他自己的学习秘密。

小博对全班同学说："同学们都说我是天才，其实我并不比大家聪明多少。我与同学们不同的是，我对自己的学习订有一个计划。比如说什么时候预习，什么时候做作业，一天要完成哪些任务、如何完成，甚至每天打篮球、打乒乓我都有时间安排。"

小博见同学听得有些不明白，又说："例如，我们早上一般是7：20到校。很多同学可能会提前半小时起床，洗漱、吃点东西就匆匆忙忙赶到学校。但我却会提前一个小时起床，预习当天要学习的课程，弄清楚哪些是我已经学会了的，哪些是我不懂的。这样上课时，在老师讲述我不懂的内容时，我就会加倍认真听课，而对于我已经弄懂的内容，我则会简单了解了一下就行了。"

小博接着说："另外，晚上回去后，别的同学可能一完成家庭作业就休息了，但是我却会把当天学习的内容温习一遍，对于自己没有弄通弄懂的内容，我会记下来，第二天单独向老师请教，直到弄懂为止。这样，我在上课时就显得比较轻松。同学们以为我是天才，实际上我是在大家看不见的时候暗暗努力。”

故事里的小博之所以比别人优秀，是因为他有一套自己的学习方法。首先，他有自己的学习计划；其次，他懂得合理地利用时间；另外，他还知道劳逸结合。这样的孩子想不优秀都难。那么，作为父母，我们如何帮助孩子找到适合自己孩子的学习方法呢？

不同的孩子在学习上有不同的偏好：有的孩子喜欢听老师讲课，不喜欢自己看书自学；有的孩子喜欢自学，不喜欢听老师讲课；有的孩子既喜欢听老师讲课，又喜欢自己钻研；还有的孩子喜欢动手做手工，有的孩子则怕拿工具。

有的孩子在智力上有优势，有的孩子在智力上有缺陷；有的孩子逻辑思维能力强，有的孩子形象思维好。有的孩子擅长数字、语言分析，有的孩子喜欢音乐、绘画、美术；有的孩子是“学术脑”，有的孩子是“艺术脑”……

而且，性别不同，年龄不同，孩子的学习天分也存在差别。女生在小学时期，成绩整体上比男生强，文娱能力超过男生；中学阶段，男生的优势开始凸显，特别是在理科方面。

另外，每个孩子对学习环境的要求也有差异。例如，有的喜欢安静，有的喜欢热闹；有的喜欢学习时光线强，有的喜欢光线弱；有的喜欢学习时温度高，有的喜欢温度低；有的喜欢学习时空气新鲜，有的则没有这些讲究；还有的孩子对学习时的坐姿也有一些自己的讲究等。

总之，不同的孩子有不同的擅长领域，不同孩子也有不同的习惯爱好。作为父母， 我们应该承认客观存在的差异，接受自己孩子的与众不同，并根据孩子的特点采取对应的措施，提高孩子的学习效率与学习成绩，使孩子的才能得到应有的展示。具体应该做到以下几点：

一要全面了解自己的孩子。这里说的了解，不是了解孩子的表面情况，而是了解孩子的气质特征、心理特点、发展状态等。如我们的孩子的性格如何、做事认真不认真、脑子聪明不聪明、记忆力好不好、做事有没有恒心、理想是什么、有没有远大志向等。

二要正确评价自己的孩子。这里首先要对孩子的智力情况有一个客观的评价。如孩子的智力水平如何，达到了何种程度。只有真实地了解了孩子的智力水平，我们才能因材施教，找到切合实际的学习方法，才不会耽误孩子的教育。

三是发现问题立即解决。如发现孩子智力或学习能力方面有问题，应采取特殊教育。比如孩子如果有精神发育迟缓等智力方面的问题存在，那就应当采取相应的合理措施，而不是赶鸭子上架，明知不可为而为之，使孩子痛苦，自己也难受。

俗谚说："鞋合不合脚，只有脚知道。"自己的孩子的身心特点，只有我们父母知道。只有解决了以上问题，我们才能针对孩子的身心特点，找出适合自己孩子的学习方法。需要强调的一点是，千万不要模仿别人的学习方法，因为孩子是有差异的，一定要根据我们自己孩子的特点选择学习方法，否则就不能达到预期的效果。

不断丰富孩子的学习内容

在追求高分的学习制度下，学习内容往往机械重复，枯燥无味，很多还流于形式，根本达不到锻炼孩子探索学习的效果。换句话说，只把学习局限于读课本、写作业是非常狭隘的，很容易让孩子感到厌倦，也难以收到预期的效果。

如果我们父母能从丰富孩子的学习内容着手，说不定能让自己的孩子在轻松愉快的情绪中取得最佳的学习效果。

网上有一篇文章《丰富多彩的学习兴趣小组生活》，读后令人感慨良多。网名叫“哈佛之家”的作者在这篇文章中，介绍了自己在孩子上初一时为孩子办的一个兴趣小组取得的令人瞩目的成就。

这个小组不仅使孩子们学到了知识，增长了见识，还使孩子们自发地爱上了学习，学会了主动去学习知识、钻研知识。下面是这篇文章的内容介绍，让我们一起来学习学习：

> 在学校的节假日，我们组织兴趣小组的孩子到各地旅游、采风。一天的游玩结束后，晚上让孩子们畅谈自己的见闻和感想。
>
> 在旅游的间隙，我们还鼓励孩子们把自己的所见所闻和所思所想写出来，投寄到刊物上发表。
>
> 每到一个地方，我们就会组织孩子们录制当地的风景旅游短片。他们两人一组，一人主持介绍，一人录像。这

些活动，极大地促进了孩子们的学习积极性，使他们增长了知识，也无形中提高了他们的学习成绩。

为了录制节目，孩子们自发地学习文学、历史、自然、科学等多学科知识，探讨各种社会现象……回到学校，孩子们拿着许多在自学时弄不懂的问题去请教老师，常常把老师难住。

小组活动针对新时代对人才的要求，重点培养孩子的实践能力、创新能力和领导能力，让孩子们竞争各种各样的职位，只要是孩子们能够体验到的，我们都会为他们创造条件。

我们曾组织孩子们到电视台主持节目，到气象站观测风雨，到现代化工厂参观流水生产线……

经常参加这种别开生面的课外活动，孩子的成绩怎么会不优秀、见识怎么能不广博、能力又怎么会不提高呢？由此可见，我们父母只要能够根据孩子的身心特点设计出独特的学习方法，就能激发出孩子的学习兴趣，点燃他们的学习热情，引爆他们的钻研精神。那么，对于没有这种兴趣小组的地方，我们的父母如何丰富孩子的学习内容呢？

其一，对于学龄前的孩子，我们父母可以购买一些构图简单，色彩艳丽、画面生动的图书来提高孩子的学习兴趣。通过阅读，再给孩子购买一些智力拼装玩具，锻炼孩子的手眼协调能力。当孩子有了明确的兴趣后，再根据他们的兴趣方向扩大训练范围，努力使孩子的兴趣更广泛、更多彩。

其二，利用画图和游戏锻炼孩子的各种能力。例如，利用彩笔画画，锻炼孩子的想象能力、观察能力和表现能力；利用橡皮泥和沙土，训练孩子的动手能力和手眼协调能力等。

其三，利用体育项目锻炼孩子身体各部位的协调性和灵活性。我们可以创造条件，在家庭或者学校，鼓励孩子参加各种体育活动，让孩子跑步、跳高、跳远、踢球、打球、爬山、游泳等。多种多样的体育活动，不仅能够锻炼孩子的各种能力，还能强健孩子的体魄，何乐而不为呢！

其四，带孩子走进大自然，了解大自然的秘密。大自然是一个宝库，更是一所大学校，我们父母可以带孩子观察日出日落、潮涨潮落，也可以带孩子看种子发芽、植物开花，还可以带孩子看蚂蚁搬家、昆虫蜕变。只要我们父母根据小孩子的个性特点设计出适合他们的节目，就能够让他们的学习变得轻松而富于乐趣。

对于已经入学的孩子，我们父母则可以根据他们在学龄前的表现来制订学习计划。应该注意的是，孩子此时的学习应该以学校的基础知识为主。让孩子牢固地打好语数外等各科的基础知识，有利于孩子以后的全面发展。

我国著名教育家陶行知曾经说过："我们发现了儿童有创造力，认识了儿童有创造力，就须进一步把儿童的创造力解放出来。"解放孩子的创造力，需要我们父母多多开动脑筋，不断丰富孩子的学习内容，激发孩子的学习兴趣，挖掘孩子的学习潜力，让孩子在轻松快乐中健康成长。

激发孩子的求知欲望

求知欲是指人们对学习知识的一种内心渴望。每个孩子都有强烈的求知欲望。激发孩子的求知欲，是孩子成功学习的必要条件，也是学习的重要动力。我们父母应该有效地运用这种欲望，将其转化为孩子的学习意志和学习热情，促使孩子进行自主学习。

孩子只有对学习产生兴趣，并对获取知识有一种长期的愿景，才会取得理想的效果。作为父母，我们要把诱发孩子的求知欲望当成自己的一种责任。

事实上，每一个孩子都是有上进心的，也都想了解未知的事物，我们父母只要因势利导，顺着孩子的兴趣爱好对他们进行正确引导，孩子自然会兴味盎然地探讨和追求。

引导孩子学习、向孩子传授知识是一门学问，我们父母切不可等闲视之。知识的结构有简单的，也有复杂的。我们所要做的，就是把复杂的知识简单化，把简单的知识明白化，使孩子既“知其然”，也“知其所以然”，这样才能使孩子真正地掌握所学的知识。

在孩子的眼中，一切都是新鲜有趣的：日出日落、刮风下雨、山林动物、花草植物……只要是看到的东西，他们都想问个为什么，他们把我们父母当成是无所不知的百科全书，有了问题就向我们打听。

有时，他们会问我们一些稀奇古怪的问题；有时，他们又会提出一些不是问题的问题。遇到这种情况，我们父母千万不要一笑了之或者敷衍对待，而是应该郑重对待，耐心讲解。

事实上，孩子的这种好奇天性就像一株渴求知识的幼苗，非常娇嫩，也非常脆弱，需要我们父母的细心呵护和精心栽培，才有可能茁壮成长。如果我们置之不理或者随意打压，则有可能中途夭折。

下面我们一起来看看芳芳妈妈是如何启发孩子的求知欲的：

芳芳在学习方面有些偏科，爱学数学，爱看语文书，爱做语文作业，但对英语却是很头疼，导致英语学得一塌糊涂，考试成绩自然不怎么样了。

芳芳的妈妈刚开始以为要提升英语能力就要多做题，但后来发现，要想学好英语，必须先对英语产生浓厚的兴趣。换句话说，就是要对英语有学习的欲望。

妈妈想，要想让孩子产生学习英语欲望，首先做妈妈的必须要做出表率。于是，为了女儿的学习，妈妈又找出了自己上学时的英语课本。下班回来，不是读课文，就是背单词，有时间还与孩子爸爸一起看上一场英语电影。

这些让芳芳很吃惊。有一天芳芳问妈妈：“妈妈，你最近怎么突然学起英语来了？”

妈妈说：“女儿呀，这是妈妈的工作需要，现在妈妈的工作对英语的要求特别严格，每周还有小测试呢！”

“英语有那么重要吗？”芳芳疑惑地问。

妈妈说：“当然了，现在很多人都在学英语，我们那时候是没有你们现在的学习条件，要不然，早就成了英语专家了。因此，你们一定要珍惜现在的机会好好学习呀，别等到用时再学，那就晚了。”

芳芳听了妈妈的话，似懂非懂的样子，点了一下头。

有一天，妈妈突然喊道：“芳芳，快来，快来……”

“妈妈，怎么了。”芳芳跑了过来问。

“你快告诉妈妈，这个单词怎么读。”芳芳看了一眼单词，脸红了说：“妈妈，对不起，这个我也不知道，我给你查一查吧。”

后来，芳芳帮妈妈查到了这个单词的读法，还和妈妈学习了很多单词。

接下来的几天里，芳芳一直都和妈妈一起学英语，渐渐地，芳芳也对英语产生了兴趣，而且，母女俩时不时地还说上几句常用的英语对话。

在最近的一次考试中，芳芳的英语成绩有了很大的进步。最重要的是，她现在自己主动学习英语了。看着现在的芳芳，妈妈欣慰地笑了。

初学英语的小学生，对英语有一定的抵触情绪很正常，如果我们父母能够从培养孩子对英语的兴趣入手，对他们进行正确指导，树立孩子的自信心，那么，就会收到很好的效果。

学习，首要的是让孩子知道为什么要学，学的目的是什么。弄明白了这些问题，孩子才会产生学习的欲望，才有学习的动力，才会取得进步。

求知欲是人们学习知识的最重要的动机，它是每个人奋发向上的源泉，如果我们父母不小心堵塞了这个源流，就是堵塞了孩子的进取之路，那样今后无论我们怎样去努力，孩子也不可能有心去学习了。

那么，我们父母如何才能激发孩子的求知欲望呢？教育专家指出要做好如下几点：

一是从小启发孩子的求知欲。孩子在幼年时期，脑袋里装满了许许多多的“为什么”。这时，他们唯一的老师就是自己的父母，他们要想找到答案，也只有向父母发问。有的父母会被问得不耐烦，不愿意搭理孩子。如果我们采取这种态度，那就大错特错了。

因为这时的孩子正是探求知识的关键时刻，我们耐心解释，就会激发孩子的求知欲，如果我们置之不理，则会摧残孩子的求知欲望，使孩子从此对知识失去兴趣，往后再来启发孩子学习就不容易了。正确的做法是，耐心地讲解孩子的每一个问题，甚至要在家里准备一套《十万个为什么》，不懂的问题及时在书中找到答案，用通俗易懂的语言给孩子解释。

我们不仅应该及时回答孩子的问题，当孩子提不出问题时，我们还要引导孩子提问题。例如，我们可以带孩子到大自然中去，让孩子了解新知识，提出新问题。孩子只有在接触到新事物时，脑袋里才会有新问题出现。

二是关注孩子的爱好。爱好是兴趣的萌芽。孩子爱好的东西，就一定会感兴趣。有了兴趣，就会有求知欲望。例如，如果孩子喜欢恐龙，我们父母可以多给孩子买一些史前动物的画册，有条件的话，还应该经常带他去自然博物馆看看恐龙化石，增强感性认识。

有的父母可能会对孩子迷恋一些冷僻的知识感到担忧，其实大可不必，任何一门知识都是学问，只要钻研得精深透彻，成为任何一门学问的专家都是值得称赞的。

三是培养孩子求真务实的思维方式。如果孩子从小养成了盲目自大、“我即真理”的坏习惯，就很难接受科学知识中的逻辑和推理，很难明辨是非，他不崇拜真理，又怎么会对包含真理的知识产生渴求的欲望呢？要激发孩子强烈的求知欲，就必须让孩子从小明白“知识就是力量”的道理，我们父母可以通过电视、电影、书籍及生活中的一些小事，多方面引导孩子逐步意识到知识在生活中的重要作用，帮助孩子养成求真务实的思维习惯。

四是帮助孩子树立正确的人生理想。人来到世界上，都有不可推卸的责任和使命。小到自身，大到国家乃至整个人类的文明进步，每个人都有义不容辞的责任。如果每个人都想在父辈的基础上坐享其成或不劳而获，总有一天会穷尽。

在亲子活动中可以经常问孩子：长大以后想做什么？然后因势利导，通过一些浅显的故事，激发孩子对家庭、对国家、对社会的责任感和使命感，从而培养孩子自尊、自立、自强的可贵品质。远大的人生理想是激发孩子强烈求知欲的重要前提。

五是培养孩子的学习兴趣。有不少父母也明白培养孩子学习兴趣的重要性，但是他们有时却在有意无意地打击孩子的积极性。例如，有位妈妈让自己的孩子学绘画，可当妈妈看到孩子把太阳画得不圆时，就教训孩子说：“你画的什么呀？太阳是那样的吗？”

我们父母在教育孩子时，说话一定要注意，千万不能伤害孩子的自尊心，因为父母是孩子心目中最尊敬的人，孩子最想得到的是父母的肯定。可是有的父母却没有想到这一点，常常一句话就摧毁了孩子的求知欲，给孩子形成致命的伤害。

我们父母应该用宽容和发展的眼光去对待孩子的不足，当孩子做得不够好时，要先发现孩子的优点，鼓励他们的勇敢，然后委婉地指出他们的不足，切勿用语言暴力伤害孩子。

六是身教重于言传。我们父母对家庭、对工作以及对读书的态度都会对孩子产生潜移默化的影响。周围环境和榜样的示范也很重要。

有了孩子，身边就像多了一面镜子，我们父母要随时注意自己的言行与表现，尽力不要把自己的缺点暴露在孩子面前，因为父母是孩子的第一任教师，也是影响最深刻、最持久的教师。孩子学习品质的好坏，父母对其影响最大。

七是找出孩子不爱学习的原因。孩子对学习不感兴趣，肯定是有原因的。我们父母要耐心地帮助孩子找到其中的原因，重塑孩子的学习兴趣。有的父母发现孩子学习不认真，非打即骂，这样越发对学习困难的孩子产生不好的影响。

孩子不好好学习，有主观的因素，也有客观的原因，如果我们父母不能找出真实的原因，可以找专业医生评定孩子的学习能力，确定孩子的问题所在，用科学的方法进行矫治。

八是要让孩子懂得知识在生活中的作用。无论是什么知识，在生活中都是有其具体的作用的。我们父母要设法让孩子把学过的一些知识运用到生活中。

例如，孩子学习乘法之后，我们在去超市购物时，就可以让孩子帮忙算一下，我们一共买了几样东西，花了多少钱。这种运用能够使孩子牢固地掌握和记忆曾经学过的知识，还能进一步激发他的求知欲。

九是要让孩子劳逸结合。学习是孩子的主业，当然是不能耽误的。但是我们父母也要明白一个道理，那就是弦绷紧了是会断的。因此，我们要懂得劳逸结合，对孩子的学习既不能放松，也不能过于严格。

在孩子学习的过程中，我们可以适当地安排一些游戏和娱乐，使孩子在紧张的学习过程中有一个放松的时间。这样学和玩有机地结合起来，孩子就可以轻松地学到知识。

总之，对于孩子的求知欲望，我们父母要倍加珍惜，因为这是孩子探求知识的通道。如果我们珍惜它、呵护它，这条通道就会越来越宽，孩子通过这条通道获得的知识就会越来越多；反之，如果我们父母轻视它、排斥它，那么我们的孩子就会关闭这条通道，而那时，我们父母就是哭都不会有眼泪的！

用进取心激励孩子上进

我们父母是孩子的第一个教师，在培养孩子成长的过程中，我们的每一句话、每一个动作都会直接影响孩子的心智与行为。要想培养出一个有上进心的优秀孩子，我们必须用自己的努力、自己的进取心，督促孩子一天天进步。

进取心是一种不满足于现状、想使自己再上一个台阶、升入更高层次的心理状态。与其把孩子推着走或者拉着走，不如给孩子内心注入动力，让他自己向前走。

没有进取心的孩子，人生缺少动力，学习就不会用功，为此，我们父母一定要用进取心激励孩子进步。

有一个普通公司职员的孩子不是很爱读书，为了让孩子喜欢学习，这位职员父亲特意和孩子立下一起读书的“誓约”。

从那天起，他就买了和工作相关的书籍，一回到家就看书，而把以前的休闲活动全部取消了，有时甚至会挑灯夜读。

孩子见父亲不是说说而已，而是每天都这样学习，为了不让父亲看不起自己，他也渐渐地拿起书本，开始写作业，认真参加考试……这样过了几年时间，孩子的学习成绩变得非常优秀。

这位普通职员也有了意外的收获，由于专业知识过硬而得到了晋升，这是他从未料到的，因为他当初读书的目的只是想激励孩子。

由此可见，我们父母的进取心和实际行动比苦口婆心说一千句话都管用。因为我们的进取心是孩子能够乐观向上、积极地面对学习的指路航标。

在一所大学里，发生了一件很奇怪的事情：有一个班里出现了一个将近40岁的女人。刚开始的时候，大家都认为这个女人是因为无聊才来这里学习的。

但是过了不久，人们发现，这个女人并不是因为空虚才来这里的。她每天都很认真地学习，并且很早就来到教室温习功课，笔记也记得工工整整的，甚至一些年轻的大学生都拿她的笔记作为参考。

后来大家纷纷问起她学习的原因。原来，这个女人的家庭很富裕，孩子刚上初中，自己为了能跟得上时代发展，才来大学充电的。

有的人问她："你不用照顾孩子吗？居然有时间来学校学习？"

她回答："我来的另一个原因是为了和孩子一起进步。以前学的知识太浅了，而且常年不用，我有些跟不上孩子的学习进度，导致孩子有些懈怠。现在不同了，我一回家孩子就和我一起讨论问题。虽然我上大学，而她上初中，但是她看到我进步，就会努力追赶我。"

我们要想做一个成功的父母，就要从自身做起，努力进取，不懈进步，这样才能让自己的孩子信服。如果我们父母不提升自己的素质，只想着让孩子学习，那么孩子即使再努力也难以成才。

这是因为一个人的成才是由多方面因素决定的，假若我们父母的素质高，就能为孩子提供一个好的学习氛围，而好的氛围是孩子成才的基础。所以，当孩子的学习出现问题时，我们父母不要只抱怨孩子没好好学习，要先从自己身上找原因。

我们父母的行为决定着孩子的行为，同样，我们父母的进取心也决定着孩子的进取心。如果我们父母缺乏进取心，不注意提高自身的形象和修养，而只要求孩子上进，这种教育方法不利于孩子的健康成长。

当然，我们父母上进学习，也不只是上大学一条路。很多家庭的父母没有上大学的条件，他们每日要为生活奔波，要为自己和孩子挣够全年的生活费用。这种条件差的父母可以在家里营造一种自学的气氛，哪怕每天读几页书，看看报纸杂志，也同样能起到充实自己和激励孩子的作用。

德国著名教育家第斯多惠说：“教学的艺术不在于传授本领，而在善于激励、唤醒和鼓舞。” 苏联著名教育实践家苏霍姆林斯基也说：“只有能够激发学生去进行自我教育的教育，才是真正的教育。”

的确，如果我们父母能够用自己的积极进取精神对孩子进行言传身教，就等于在自己的家庭营造出了一种对孩子进行自我教育的良好氛围，它可以促使孩子勤奋学习，乐观向上。

第五章　培养孩子管理情绪的能力

教育专家指出，幼儿的情感经验对人的一生具有持久的影响，孩子如果此时无法集中注意力，性格急躁、易怒、悲观、具有破坏性，或者孤独、焦虑，对自己不满意等，会在很大程度上影响其今后的个性发展和品格培养。

因此，我们父母一定要及早重视孩子的情感要求并对孩子的情绪做出正确的引导，帮助孩子认识、了解和控制自己的情绪，让孩子从小就拥有优质的情商。

别让孩子把委屈留在心中

亲爱的父母们，你们知道吗？一些在我们眼里微不足道的芝麻绿豆小事，常常会引发孩子一场激烈的心理动荡；一些不科学的教育方式，也有可能会成为孩子一生的心理阴影。

如果我们忽略这些问题，不及时为孩子排忧解难，就可能让孩子产生抑郁、自卑、恐惧、焦虑、挫折等多种不良情绪，严重的还会导致孩子罹患多种心理疾病，带来诸如离家出走、自杀等可怕的后果。

作为父母，我们都希望自己的孩子能够幸福快乐，但是很多孩子身上却有着这样那样、或大或小的心理问题。我们应该怎样帮助他们呢？

小柔今年上小学二年级了。她从小活泼开朗，心地善良。上幼儿园时，每天都高高兴兴地去，蹦蹦跳跳地回，从没有让父母操过心。自从上了小学之后，好像变了一个人一样，脸上笑容少了，话也不多了。有一天放学后，小柔还情绪暴躁地跟妈妈发起了脾气。

妈妈问了半天才弄清楚，原来在学校上课时，小柔不小心把同桌男同学的书包碰掉到地上，虽然小柔连忙捡起来边拍打灰尘边给那个同学道歉，但那位同学还是狠狠地打了她一巴掌。

当时老师没有发现这个小小的插曲，小柔也没好意思把这件事报告给老师。但是，小柔的内心却感觉特别委屈，她在心中反复说："他凭什么呀？他凭什么呀？"嘴里却一句话也没说。回家后，她的情绪才爆发出来。

这类事在学校经常发生。学校作为一个集体，每天成百上千的孩子聚集在一起，发生一些摩擦很正常。因为这些孩子来自不同的家庭，性格和个性均有差异，而那些脾气暴躁的，不能克制自己的情绪，遇到一点儿小事就会吵闹打骂，在这种情况下，性格内向的孩子必然会受一些委屈。

发生这些情况是正常的，没有什么好奇怪的。关键是我们父母应该如何处理这件事，才不会给孩子的学习和生活留下阴影。

弱势的孩子受到不平待遇以后，心中肯定很难过，此时我们父母应该问清事由，弄明白谁对谁错，然后再对孩子进行心理疏导。那么，具体怎样做才能驱散孩子心中的阴影呢？

首先，我们父母要让孩子把心中的委屈全部释放出来，因为把不良情绪憋在心中会形成心病，给孩子的成长带来不良影响。释放不良情绪是打开孩子心结的第一步，孩子的心结打开了，我们与孩子的沟通才会畅通，后面的工作才会相对容易一些。

其次，我们父母要接纳孩子的非正常情绪。当孩子受委屈时，心中会积压太多的怨气，当面对自己的父母时，这些怨气就会爆发出来。这时我们要做的就是，宽容地对待孩子，好好地安慰他们，设法使孩子渐渐平静下来。

当然，这样做不是说要无条件地顺从孩子。因为顺从、迁就并不能从根本上解决孩子的问题。我们父母必须要掌握合适的尺度，既不能滋长孩子的不良心理，又要合理地疏解孩子的情绪。

再次，是帮助孩子辨明是非对错。孩子年龄小，有时候虽然受了委屈，但也可能是因为自己的过错造成的。这时，我们父母就要帮他们分析造成过错的原因，让孩子认识自己的错误，以免再犯。

在这个过程中，我们要以旁观者的角色，态度和蔼地假设几个问题，引导孩子以他人的角度思考问题，使孩子逐步明白自己错在什么地方，应该如何引以为戒。

孩子在成长的过程中，遭遇人生的挫折非常正常，我们父母要培养孩子正确的人生观，使他们学会合理调节自己的情绪，而不是总把责任推给别人。让我们来看聪明父母是如何对待孩子的不良情绪的：

梦琪放学回家后情绪非常低落，妈妈看出女儿有心事，便问道："琪琪，怎么今天不高兴啊？"

梦琪未语泪先流。妈妈连忙说："琪琪不哭，有什么委屈给妈妈说！"

"我最冤了！"梦琪抹着眼泪说。

"怎么冤了？"妈妈一边帮女儿擦眼泪一边问。

"今天我们班重新调整座位，老师竟然将谁都讨厌的寒寒安排与我同桌。这个女生家里穷，穿着寒酸，同学们都不喜欢她……"

"原来是这么回事啊！"妈妈轻声说。

梦琪点点头："她原来的同桌是一位男生，经常欺负她，老师为了不让她受欺负，便安排她与女生同桌。但是，全班女生都不愿意与她坐一起，最后，老师便指定她跟我同桌……"

梦琪喊道："妈妈，凭什么是我呀？难道我比别人

low吗？”

“怎么会？我们琪琪怎么会比别人差劲呢？”妈妈说，“妈妈明白你的委屈了，谁都不喜欢与自己讨厌的同学坐在一起，是我也不愿意啊！”

“对呀，我多冤啊！”梦琪见妈妈理解自己，心情好了许多。

“你们这样讨厌她，我猜想她一定是个头顶长疮脚底流脓的小太妹似的坏学生吧？”

“那倒不是，她的学习非常棒，不然老师也不会为她大动干戈调座位。”

妈妈微微点头说：“琪琪，我觉得你是个明事理的孩子，既然座位已经调整了，咱们就委屈一下，先与这位同学相处一段时间。”妈妈见梦琪不说话，又说道，“说不定坏事变成好事也不一定呢！”

“怎么可能？”梦琪噘着嘴说。

“妈妈是这样想的：寒寒的成绩好，说不定能够帮助你。而你是个活泼的孩子，长处是善于与人交往。你们两人取长补短，她帮你提高学习成绩，你帮她搞好人际关系，这样不是皆大欢喜吗？”

梦琪低着头没有说话。

“其实，贫穷并不是寒寒的错，你们不应该瞧不起寒寒。”妈妈严肃地说，“这样的孩子说不定今后会比富裕家庭的孩子更有出息呢！”

“可是，她不爱理人啊？”

“我料想，寒寒这样的孩子也是有自尊心的，因为大家都不愿理她，所以她也不愿求别人。但是如果你虚心向她请教，相信她也是愿意帮助人的。”

“那我试试吧！”梦琪答应了妈妈。

后来，梦琪主动向寒寒请教学习上的问题，寒寒果然非常热情地回答她的所有问题，不久两人就成了好朋友。

孩子在学校受了委屈，我们父母不要先为自己的孩子着想，总认为是别人的孩子不对，要先向孩子问明情况，然后站在双方的立场上考虑问题。只有公正地处理这类纠纷，才能使自己的孩子成长为乐观、通达的孩子。具体来说，我们父母应该这样做：

一是问清真相，以同情心安慰孩子。我们父母的肯定往往可以让孩子去掉委屈情绪，有时候，只要父母说一句：“我知道你受了委屈。”孩子就能够释放委屈的情绪，坦然面对遇到的事情。

待孩子情绪稳定后，我们父母再让孩子说明事情发生的经过，客观地判断谁对谁错。如果孩子真的受到其他同学的欺负，也不能不了了之，我们首先教育孩子理智地和老师讲，让老师来处理这种事情。若是老师处理不好，家长也可以亲自去学校解决。总之，不能让孩子的委屈无处释放。

当然，我们父母处理这类事情，不能以暴易暴，要以理服人，让人心服口服才是上策，否则对孩子只会带来不良影响。

二是让孩子正视人与人之间的摩擦。我们父母要让孩子知道，人与人相处，不可能不发生摩擦，有时受点委屈也是不可避免的。遇到这种情况，只要对方不是有意为之，我们能宽容的尽量宽容一点，没有必要与人斤斤计较。退一步海阔天空，不钻牛角尖的人往往会有更广阔的空间，人们也更喜欢与这样的人相处。

在与孩子交谈的过程中，我们父母一定要注意自己的态度，不要居高临下，更不要敷衍了事，而应该像朋友一样，耐心与孩子交心谈心，要通过说服疏导，平复、化解孩子的心事，最终使孩子对这件事情产生一个正确的态度，并保证他们能够处理好。

三是关注事情的发展。事情发生后，我们通过做孩子的思想工作，慰抚孩子的心灵，消弭孩子的创伤。但是，这件事还不能就这样过去，我们还应该密切关注事态的发展，看看孩子是如何处理善后事宜的。

如果孩子圆满地解决了与同学的纠纷，我们父母应该及时对孩子进行表扬。但如果孩子的善意没有被接受，或者对方依然横行霸道，不依不饶，那么我们父母就应该出面与老师联系，请老师来正式解决。我们要让孩子懂得，人人生而平等，任何欺负、霸凌行为在校园都是不能被容许的。

总之，我们父母应该密切关注孩子的非正常情绪，因为情绪问题对孩子的成长至关重要。积极的情绪能够促进孩子身心的健康发展，使孩子的内在潜力得到发掘。而消极的情绪则可能使孩子的心理失去平衡，影响孩子的人格建构，阻碍他未来的事业发展。因此，我们父母决不能让不良情绪侵蚀孩子的稚嫩心灵，影响孩子的人格发展。

把乐观开朗的性格传给孩子

我们每位父母都希望自己的孩子拥有乐观开朗的性格，因为以乐观的态度对待生活的孩子，较少考虑生活的阴暗面，能够积极地克服困难。拥有这种性格的孩子，对待学习也不会有畏难情绪，只要他们认定的事就会勇往直前。但是令人遗憾的是，有相当一部分孩子，在小时候就已经习惯用消极的态度处世。

调查发现，这种孩子性格的形成与父母的教育密切相关。在日常生活中，父母的处世方法、接物待人都对孩子有着潜移默化的影响。一些孩子身上的自私自利、好逸恶劳等不良性格，大部分都是受父母的影响形成的。请看下面这个案例：

立立家庭条件很好，但他却过得并不开心。虽然才上小学五年级，他却十分敏感，也很悲观，遇到事情总会往不好的方面想。

如果有一次考试成绩不理想，他就会认为自己以后的成绩也不会好了；即使看一场电影，他也只关心其中的负面内容。

他还很爱发牢骚，比如当老师批评他以后，他就会悲观地想：

“老师只喜欢别的小朋友，不喜欢我......”

“老师看我成绩不如他好才批评我的……”

“看来我就是再努力，老师也不会喜欢我了……”

原来，立立的父母都是名牌大学毕业的，他们对立立的要求比较高，而立立觉得自己不管如何努力都达不到他们的要求，因此觉得自己很失败。

又因为妈妈是单位的中层领导，工作比较忙，回家后总是对家人不停地抱怨单位中的某某太懒惰或某个领导太势利等，立立也很自然地学会了抱怨。

人们常常说，某某孩子就像是和他父亲从一个模子倒出来的。这不仅是说这个孩子与他的父亲容貌相似，还表明他与其父的脾气禀性都一样。这是因为孩子是在父母的呵护下成长起来的，他的一举一动、个性修养无不受到父母的影响。因此，如果我们父母的生活态度悲观，孩子肯定也看不到阳光的一面。而父母乐观地面对生活，孩子自然也会开朗活泼。

不良的生活态度是一个毒瘤，它不仅会腐蚀我们成人的肌体，还会对孩子的成长产生消极的影响。长期生活在这种阴郁环境中的孩子，心理怎么会有阳光照射进来呢?

相反，乐观是一种积极向上的力量。在这种家庭环境下生长的孩子，即使是遭遇坎坷，也有信心运用自己的力量淌过命运的河，争取最后的胜利。这类孩子从不向命运屈服，因为他们相信，幸运之神永远是他们的朋友，任何困难最终都会被他们踩在脚下。

因此，我们父母应该从现在开始，从改变自身开始，正确地引导孩子走出消极的误区。

首先，我们父母应该乐观地对待生活，凡事向前看，对人要大度，不要因生活琐事斤斤计较，不要家长里短地说是非，理智地处理生活和工作中遇到各种困难。我们的生活态度和处世方法会直接影响孩子个性的形成。

其次，多用正能量的语言感染孩子。在工作之余，我们总想多陪陪家人，但公司安排的加班却又不得不去。这时，悲观的人大多会向孩子这样道歉："爸爸今天又要去加班了，单位还有一堆麻烦事等着爸爸处理，抱歉不能陪你了。"

当我们父母对孩子说这句话时，就已经对孩子的情绪产生了负面影响。孩子会觉得父母是不想去加班的，但是不去又不行，即使这个周末有别人陪，孩子仍然不会高兴。

但是，如果我们父母乐观地对孩子说："爸爸工作有些忙，等加班回来再陪你玩。"这时，孩子就会因为我们父母的能干而产生一种自豪的感觉。

再次，保持积极向上的心态。我们父母要让孩子明白，生活中的困难是不可避免的，但是只要有勇气就有办法战胜它。另外，培养孩子的积极心态，我们父母不能有消极意识，因为父母的生活态度会对孩子会产生潜移默化的影响。

有些父母在外面受了气，回家向家人发泄。他们不知道，他们发泄时的那些神气、语言、习惯都像影像一样印到了孩子的头脑中，植入了孩子的行为上，使孩子小小年纪就变成了愤世嫉俗、怨天尤人的人了。

因此，我们父母在外面受到再大的委屈，也不要在孩子面前表现出来。因为父母的消极思想，会传播到孩子的头脑中，使他们产生灰暗的想法，形成不良的个性。

最后，把负面情绪转变为正面情绪。有时我们父母不经意之间说出的一句丧气话就可能把负面情绪传染给孩子。比如当我们父母看到外面下雨的时候，随口抱怨一句，就会让孩子认为下雨天不好，产生消极的想法。

如果父母说：终于下雨了，好久没去雨中淋一淋了！孩子听到这话就会产生乐观的想法，下雨好，我们应该喜欢雨天。因此，父母若想改变孩子消极处世的行为，先要改变自己怨天尤人的态度。

法国著名作家巴尔扎克曾经说过：“欢乐是希望之花，能够赐给他人以力量，使他可以毫无畏惧地正视人生的坎坷。”我们父母要学会把欢乐带给孩子，多给孩子传递正能量，使他们沿着正确的人生之路前进。

总之，我们父母不能用消极的人生态度影响孩子，不要把悲观失望的情绪带给孩子，而应该把阳光灿烂、乐观快乐的好心情展现在孩子面前，使他们天天感受生活的美好。

当孩子学会用乐观积极的心态对待学习、对待生活时，他就会用正能量化解生活中的许多难题，越过人生道路上的重重难关，他的未来就会充满希望。各位爸爸妈妈千万不要忽视了自己的榜样力量，因为家庭是孩子成长的第一道关卡！

主动帮助孩子解决难题

我们许多父母认为，孩子没有什么烦恼，更不会有什么难以解决的问题。他们整天除了学习就是玩，哪里有什么难题呢？这种思想使我们忽视了孩子的烦恼及压力的存在，即使孩子有时主动向我们诉说内心的烦恼，我们也会认为这只是孩子随便说说而已，根本没有把孩子的话放在心上。

殊不知，我们父母的这种做法不仅无法起到教育及引导孩子的作用，而且会让孩子感受到我们不理解他们，不关心他们，从而不再愿意向我们父母表露他们的内心想法。

事实上，每个孩子都与成人一样，对于外界有他自己的想法和感受，成人遇到问题时尚且需要与他人倾诉，希望获得他人的帮助，何况心智尚未成熟的孩子呢？

而我们父母就是他们人生中最好的指导老师。如果我们忽视了自己的言语对孩子的影响，那么，遗憾的不仅仅是亲子关系的紧张，严重的还会因为影响孩子成长，造成终生遗憾。

因此，当孩子遇到难题来向我们父母询问或者求助的时候，我们千万不要回避，更不要答非所问。消极回避不是根本办法，最好的做法是帮助孩子找到问题的症结所在，给孩子提供解决问题的办法。请看下面一个事例：

有一天，小宇突然对妈妈说："妈妈，学习真没劲！”妈妈先是愣了一下，接着她就意识到，儿子可能在学习上遇到了什么麻烦事。

于是，妈妈对小宇说：“学习确实是一件压力很大的事情，要想把它搞好真不容易呀！”

妈妈的理解一下子打动了小宇的心，小宇不禁向妈妈倒起苦水来：“是呀，你们大人的竞争在工作上，谁在工作上做出的成就越大，谁就越有本事。但是，每个人的工作不太一样，因此，衡量起来的标准也不一样。我们就不一样了，全班学习的内容都一样，这么多人都在争夺名次，遗憾的是，第一名永远只有一个，一个人要永远保持前几名，真是难上加难呀！”

妈妈同情地对小宇说：“是呀，我们以前学习的压力不如你们大，现在社会竞争激烈，不努力就会被淘汰，这是个严峻的事实呀！”

“幸亏妈妈能够理解我。有时候，我真是力不从心呀，明明自己很努力了，但是，一到考试，我就莫名紧张，生怕考得不如以前好，给父母脸上抹黑。”小宇越说越泄气，“眼看考试又要到来了，我这心里一直没底。怎么办呀？”

妈妈一听就明白了，儿子真正的问题在于考前紧张，由于要考试，感到学习压力大了。于是，妈妈引导孩子：“小宇，社会竞争确实激烈，但是，正像你所说的那样，第一名永远只有一个，一个人不可能永远保持前几名。只要你努力了，只要你尽心了，你就无愧于父母，无愧于自己的一生，你说是吗？”

小宇点了点头。妈妈接着说：“情绪对你的学习会有很大的影响，你要坚信自己的实力，只要发挥了自己的实力，就不要在乎名次是多少。妈妈相信，你放下思想包袱，就会觉得轻松一些的。”

“是呀，有妈妈的理解，我心里就有底了！”儿子感觉轻松多了。

“放心，妈妈永远支持你！”妈妈拍了拍小宇的肩膀鼓励道。结果，小宇不仅在这次考试中发挥正常，而且保持了一种良好的自信状态，考出了班上前十的好成绩。

在这个事例中，妈妈的理解消除了小宇的顾虑，解决了孩子的难题，使小宇在考试中发挥正常，考出了好成绩。那么我们其他父母在孩子遇到难题时应该怎么做呢？

第一，父母要理解孩子。有时候，孩子向我们父母抱怨这抱怨那，并不是真正不想做这件事，而是希望父母能够理解自己，从理解的角度来帮助自己。如果我们父母不理解孩子的真实需求，一味地以自己的眼光来看待他们，答非所问地只从表面上去看待孩子的问题，甚至呵斥孩子，结果只会损伤孩子的自信，激化亲子之间的矛盾和冲突。

第二，父母要帮助孩子找到解决的办法。很多孩子在成长中遇到的困惑，我们父母可能都经历过，只要能够了解到孩子的真实想法，我们就可以根据自己的经验提供一些可行的办法。孩子的问题解决了，亲子之间的关系也就和谐了。

苏联教育家苏霍姆林斯基曾说过：“教育技巧的全部奥秘就在于如何爱护儿童。”我们父母要想把自己的孩子教育成才，首先就要爱护孩子，帮助他们解决生活和学习上的一切难题。其次才是兼顾其他。只有这样，孩子们才会在温暖和谐的氛围中快乐成长。

不要让焦虑情绪影响孩子学习

焦虑是指人们内心的一种情绪反应，它和担忧、焦躁、紧张的意思差不多，都是操心和烦躁的意思。少量的焦虑对人生有促进作用，它可以使人集中注意力，主动学习，不虚度光阴，也会使人办事更有效率。

但如果过度焦虑，就会给我们带来不好的影响。它会使我们神思不定，反应迟钝，心乱如麻。假若这种情绪发生在孩子身上，则会给孩子的注意力、记忆力和思维活动等带来损害，考试时还会影响孩子的正常发挥。因此，要想使孩子健康成长，我们父母必须帮助孩子消除过度的焦虑情绪。

请看下面一个案例：

小学时，张芮的成绩一直保持在前三名，是全年级的优等生。但是进入重点中学后，她有点开始怀疑自己的能力了。因为每次考试，她都竭尽全力，但依然不能超过班上几名男生。

每天她从家里到学校，从学校又回家，两点一线，放弃了所有娱乐活动，除了上课就是做作业，一点儿也不敢松懈。即使这样，她每次的考试成绩依然不能进入前三名。

一个学期过去了，在新的学期到来之际，紧张、担忧占据了她的大脑，她害怕自己会被班上男生远远地甩在后面，害怕进入后进生的行列。

开学后，张芮上课忧虑，下课也着急，每天根本没心思听老师讲课，放学后更没精力做作业，也没心思复习。就这样，第二学期期中考试，她的成绩一落千丈，最终只好休学治疗。

张芮的学习成绩为什么会一落千丈？最主要的原因就是她太看重考试名次，因害怕而焦虑，最后导致心理崩溃。

在我们的身边，像张芮这样的孩子并不少见，他们小时候有骄人的成绩，进入中学后，由于竞争激烈，不能保持原有的名次，心里有些失落，于是便产生焦虑情绪。如果这种情绪不能得到有效缓解，有可能产生心率加快、呼吸紧促、血压升高以及出汗、发抖等症状，严重的还会导致恶心、呕吐等可怕后果。

那么，我们父母应当怎么帮助孩子对付焦虑的问题，使孩子从紧张的情绪中缓解出来呢？

一要让孩子端正学习态度。我们父母要让孩子知道，学习是学生时期的主要任务，而考试是检验已学知识是否掌握的一种主要方法。它的目的不是排名次，也不是考查我们的聪明与否，它只是告诉我们在过去的一段时间里，有哪些知识我们掌握了，哪些知识还有盲点。

这其实也是老师检查自己教学进度的一种方法，通过考试，老师才会知道，他讲的内容哪些学生已经掌握了，哪些还需要回炉重新讲，以便学生更好地掌握。而作为学生，不能把考试看得过重，不要给自己添加过重的思想负担。当然，一点儿也不重视也是不对的。

二要让孩子正确评估自己的能力。孩子的智力到底怎么样，我们父母要心中有数。千万不能拔苗助长，孩子的智力明明达不到希望的水准，却非要逼着他们向那方面努力，这样只会害了孩子。但如果孩子有那个能力，却没有达到那个水准，父母也不能等闲视之，使孩子荒废了学业，我们更是罪莫大焉。

我们父母只有对孩子的智力水平有一个正确的评估，才能帮助他们把握恰当的学习进度，使孩子真正地学到知识。

三要保证孩子的身体健康。无论是学习还是考试，没有良好的身体条件都不是行的。上学期间，如果孩子的身体状况不好，缺乏清醒的头脑、健壮的体质，要想取得好的成绩，学到有用的知识，都是不可能的。

我们父母对此应该有一个清醒的认识，每天必须保证孩子有七到九小时的基本睡眠时间，即使在考试阶段也不要逼着孩子熬夜刷题。只有头脑清醒、精力旺盛，才能真正学到知识。

四要教育孩子别为了考试而学习。有的孩子把考试看得比天还大，平常学习都是围绕着考试范围拼命复习，而考试一过则把一切知识都丢到一旁。这种学习方法是不正确的。

我们父母要告诫孩子，今天的学习不是为考试而学，而是为适应将来的工作而学。每个孩子离开学校进入社会之后，都要面对激烈的生存竞争，假若没有扎实的基础知识，想要在社会上立足是很难的。因此，学习知识如果浅尝辄止，不认真思考，不牢固地掌握，最终必然不能适应社会发展。

总之，我们父母要重视焦虑情绪对孩子的侵害。因为无论心态多么平和的孩子，都有可能陷入焦虑的状态。所以当焦虑袭来时，我们父母不要着急，要试着安抚孩子，并采取种种措施，帮助孩子从焦虑中走出来，以避免这种不良情绪影响孩子的学习和生活。

给出建议，让孩子自己做决定

现在的许多孩子缺乏自主性，有时很小的一件事，他们也拿不定主意，需要父母替他们做决定。为什么会这样呢？根子主要在我们父母身上。从小到大，孩子的一切都由父母包办，无论做什么事，他们都不给孩子发表意见的机会，更不会让孩子做出选择。这样长大的孩子，犹如一个牵线木偶，怎么会有自主意识呢？

据一位教育专家调查，现在的孩子自主状况令人担忧。这位专家对一家中学的上百位学生进行抽样调查，问卷上有一个问题是“当你在学习和生活上遇到困难怎么办”，大部分同学的回答是“由父母解决”；当问到长大后会做什么工作时，回答同样是“征求父母的意见”。在类似的问题中，专家很少看到有主见的回答。

这个结果令专家忧虑重重，他认为，缺乏自主性已是当代大部分青少年最致命的性格缺陷，这个问题不解决，这批孩子长大后进入社会，能否生存下去都是一个问题。试想：一个没有自主意识，什么都要靠父母拿主意的人，在社会上怎么可能有作为？有谁敢把工作交给他们去完成？他们又如何完成自己的工作任务呢？

孩子变成这样，我们父母有没有想想到底是为什么？在生活中，当孩子要做一件事情时，我们是不是常常因为害怕孩子做不好，就干脆由自己代劳了？一次代劳，两次不让孩子插手，三次不放心孩子的能力，久而久之，孩子对自己越来越没有信心，遇到事情就一推六二五，全部交由父母去做了。

我们长期这样做的后果，就养成了孩子不爱思考、没有主见的性格以及依赖父母的不良习惯。很多父母并没有意识到自己的一些做法会对孩子造成什么样的后果，他们为了使孩子安心学习，从早晨起床、吃饭到上学、回家、做功课，能想到的、能做到的都替孩子包办了。

从表面上来看，这是关心孩子的表现，实际上却让孩子失去自主性格，丧失了自主意识。事实上，孩子并不希望父母为他们包办一切，他们也希望父母信赖他们，做事时让他们自主抉择。然而现实生活中，这些愿望很难实现。如果我们父母能够放开手脚，经常鼓励孩子去尝试和实践，那么，孩子的胆怯、依赖性格就必定会有所改观。

著名球星乔丹的母亲曾经说过一句话："在放手过程中，最棘手、最不放心的问题，是让儿女自己追求自己的梦想，自己做出事关终身的决定，选择与我为他们确定的不同的发展道路。"

我们培养孩子，不仅要教给他们文化知识，还要灌输给他们为人处世的道理，要让他们确立人生的理想，培育自强自立的品格。说实话，在教给孩子知识方面，我们父母做得太多太多，我们给孩子报的各种培训班甚至把他们压得喘不过气来，但是在其他方面，我们又做得太少了。

自主选择在人的一生中是一项不可或缺的能力，它是检验我们有没有决断能力，是否能够单独承担重要任务的一种可贵品质。作为父母，我们要从小开始培养孩子的这种能力。

甜甜下午放学时，同学璐璐请她晚上去她家陪她。璐璐说，晚上只有自己一人在家，有点儿害怕。甜甜爽快地答应了。可是甜甜刚回到家，突然又接到另一个同学珍珍的电话。珍珍说，晚上她妈妈突然决定给自己举行生日晚宴，她决定特别邀请甜甜参加，她没有邀请其他同学，希望甜甜能够准时光临。放下电话，甜甜为难了。

她找到妈妈，希望妈妈给她一个建议。

妈妈没有为她决定，而是通过问问题来引导甜甜。妈妈说："如果你去参加珍珍的生日会，你觉得可能会发生什么呢？或者，如果你告诉璐璐你要去参加珍珍的生日会，又会发生什么呢？"

妈妈建议她："你可以考虑一下，这两种选择可能带来的好处和坏处。"

甜甜想了一下说："璐璐和我们住一幢楼，我不陪她，虽然她会有一点儿害怕，但问题不会太大，因为以前她也经常一个人在家。相信我给她说一声，她不会有意见。但是珍珍是我最好的朋友，她的生日我不去，她一定会生气的。因此，我决定去参加珍珍的生日会。"

听了甜甜的话，妈妈开心地说："既然你决定了，就赶快给璐璐说一声，不要让她等你！"

甜甜也快活地说道："谢谢妈妈提醒，我这就去给璐璐说一声。"

看着甜甜蹦蹦跳跳地出了门，妈妈欣慰地笑了。

在这个例子中，妈妈没有直接帮忙甜甜拿主意，而是指导孩子分析她做出的决定可能带来的好处和坏处，最终由孩子自己做出了决定。妈妈的做法，锻炼了孩子自主决定的能力，加强了孩子的自主意识，为将来处理复杂情况奠定了基础。

研究表明，什么事都由父母决定的孩子，长大后缺乏责任意识，没有担当，更缺少基本的判断力。因此，建议我们父母多创造一些机会，让孩子自己的事自己做决定，自己的事自己负责，从小培养自主意识。

在培养孩子自主能力的同时，我们父母也应该注意以下问题：

一是掌控孩子选择的方向。若孩子选择有害、不安全的事，我们父母也不能由着他们，而应该坚决制止。例如，夏天天气热，孩子想出去游泳，我们坚决不能答应让他们去没有安全措施的大河和湖泊，而应该让他们去游泳池或有救生员的地方。

二是不能让孩子有超出能力的选择。培养孩子的自主能力，有时也要控制孩子过分膨胀的要求。例如，去游乐园玩，有的孩子消费数额巨大，依然停不下来，这时父母就应该及时引导孩子停止游戏。孔子说："过犹不及。"消费应该有个限制，如果无限消费，很多家庭都是吃不消的。

三是引导孩子进行选择。有时，孩子由于经验和阅历不够，不能做出正确的选择，我们父母可以帮助孩子做出正确的选择。例如，当面临是去游乐场还是去看奶奶的选择时，有些孩子的选择一定是去游乐场，因为孩子的玩兴是永远不会消退的。这时，我们就要告诉孩子，今天应该去看望奶奶，不然奶奶可能会伤心的。

四是不要批评孩子的选择。孩子的选择有时可能不正确或者不完美，就像上面提到的去看奶奶的选择一样。这时，我们父母不要开口就批评孩子，而应该讲道理让孩子心服口服。我们要让孩子明白，面对一件事情时，不仅要勇敢地说出自己的想法，做出自己的决定，还应该知道做这个决定的后果，并懂得修正自己的选择。随着孩子长大，经验增多，做决定的能力与技巧会渐渐提高。

五是尊重孩子的选择。有时孩子的选择如果与我们父母的意愿相左，只要不是原则性的问题，父母都应该尊重孩子的选择，千万不要因意见不同就扼杀孩子的意见。因为这样做，孩子会觉得父母不尊重他们，会挫伤他们以后自主选择的愿望。

六是培养孩子自主选择的能力。有些时候，孩子面对比较复杂的事物，不知道该怎么选择，我们父母可以帮助孩子收集资料，分析各个选项的利弊，促使孩子做出正确的选择。只要我们在原则问题上帮助孩子把好关，不让孩子出现失误就行。

随着年龄的增长，我们父母在把选择权交给孩子的同时，也要为他提供相关情况，帮他分析多种可能，使孩子做出正确的选择，当然也要教育孩子对自己的选择负责任。

总之，作为父母，我们要把选择的权利交给孩子，不要什么事都代替孩子做决定，什么都不让孩子做，要学会倾听孩子的心声，尊重孩子的想法，让孩子勇敢地做出自己的选择。当然，我们父母也要在适当的时候给孩子提出合理化的建议。

不要让孩子的坏情绪自由泛滥

人类自出生起，就已经诞生了属于自己的情绪。最开始的时候，婴儿表达的情绪方法分为两类，一类代表愉悦，另一类为不愉悦。愉悦代表着生理需求上的满意程度，不愉悦则表示生理需求未得到满足。这两种情绪的表现方式，最常见的就是哭和笑。

随着年龄的增长，孩子的情绪也会变得更为复杂。根据一些教育学家的总结归纳，在婴儿三个月的时候，就已经有了欢快、生气、害怕等情绪反应。

这时候，身为父母的我们，必须要学会去培养和疏导孩子的各类情绪，如此，才能够使孩子的一些负面情绪，比如愤恨、敌视、惧怕等，从根本上得到解决，这样孩子才能够在未来的日子里健康快乐地成长。

今年是蓝蓝初中升高中最关键的一年，家中所有人都对他报以极高的期望，但是蓝蓝却感到了沉重的压力和深深的惶恐。

在一次和爸爸妈妈的通话后，蓝蓝回复了这样一条短信："你们一点儿都不理解我，根本不知道我想要什么，我过得很不开心，你们不知道，你们的说教和批评，让我变得很不自信，变得孤僻，我再也不想理你们了！"

这些话从这么一个外表柔弱、文静的15岁女孩口中说出，实在令人无法理解。不久，蓝蓝开始厌烦回家，她认为家里没有欢乐，而且和爸爸妈妈、姐姐的冲突更是让她无所适从。

家里发生的一些小事，都会让蓝蓝和爸爸妈妈、姐姐生出矛盾，最终演变为不欢而散的结局。每一次这样的事情发生，都让家人无可奈何。因此，蓝蓝的爸爸妈妈找了一个心理咨询师，希望能够解决女儿的问题。

蓝蓝妈妈说："在家里，女儿会莫名其妙地生气，有时候还把自己锁在房间里，不吃不喝。她对一些物质的要求会很高，一旦不合心意，就乱发脾气，大吵大闹，甚至摔打东西。家里都被她闹得无法安宁，作为父母的我们，为她伤透了心……"

而在一旁听着妈妈讲述这些事情的蓝蓝，此时却情绪失控起来，她强行打断了父母的述说，很是气愤地说："你们从来不知道我在想什么，根本不理解我，也不知道我真正想要什么，那些物质上的东西，也是在我哭闹后才买给我，其实我根本不稀罕。我只是想要让你们关心我，了解我的内心，能够和我多多交流，而不是只会告诉我'一切要靠自己，别人帮不了你'之类的话，那样只会让我感觉自己没有存在感，让我感到孤独。"此时，蓝蓝眼睛中已经满是泪水。

望着这个已经哭成了泪人的女儿，蓝蓝的爸爸妈妈都有些沉默。过了好一会儿，蓝蓝的爸爸继续用低沉的声音道："在家中，她就是这个样子，一不高兴就大声吼叫。她这副模样，让我们都很害怕，就像是面对歇斯底里的仇人一样。正因为这样，我们也经常责打她，然而事后，我们又很后悔我们的举动。”

蓝蓝和大她一岁的姐姐关系也很差，经常吵闹不休。她经常会说：“我就是不喜欢她，不想和她相处，我就是要把她当敌人。”

其实，蓝蓝的这种心理表现，就是所谓的敌对心理，这是一种在孩子身上常见的情绪表现。它是因为受到不公平对待引起的逆反情绪，在不服气时所显露出的一种不配合、敌视、排斥的态度，是一种不利于孩子成长的不良性格品质。

有这类强烈敌视心理的孩子，常常会以自我为中心，抗拒一切自己不喜欢的事物，时刻对他人保持着警惕和猜疑，甚至会把他人对自己的肯定、赞美、鼓励都当成是取笑、嘲讽。

有这种敌视心理的孩子，会把老师和同学对自己的善意批评，当作是对自己的恶意挖苦。能够稍微克制情绪的，会把这些话语当作耳旁风，不予理睬；而情绪易怒的，甚至会做出一些报复性的、伤害他人的行为。

有这种敌视心理的孩子，还喜欢在学校里弄出一些恶作剧，有些时候，甚至会以辱骂和殴打他人取乐；在家庭中，则表现为不听父母话、与父母顶嘴等。

在上面的事例中，蓝蓝觉得爸爸妈妈不爱自己，不喜欢自己，因此也充满了对父母的不信任和不认同。而这种委屈和不公平情绪，需要有其他的外在事物来弥补，这就使得她需要用一些物质上的东西来满足自己的不平衡和不受重视的心理。

而当这些物质要求无法得到满足时，内心受到的委屈和不公感就会因得不到缓解和释放，最终演变为对家人的冷言冷语、大吼大叫，甚至身体对抗。

有一天早上起床，蓝蓝又因为一件小事和妈妈吵了一架，然后出去和同学一起玩耍。回来的时候，她带了两瓶平时很少喝的饮料，并把其中的一瓶给了姐姐。

姐姐喝完自己的以后，以为蓝蓝不喝了，就把她剩下的半瓶饮料也喝了。蓝蓝知道后，就和姐姐打了起来，父母将她们分开后，斥责了她几句，蓝蓝听后心里很不舒服，就用头撞向了书桌……

有着敌对倾向的孩子，其实内心是极度孤独和缺乏安全感的，这对孩子的性格完善和形成具有极大危害。平时，有着敌对倾向的孩子在看待许多事物时，都是一副无所谓的态度，但这其实只是他们自我保护的伪装而已。

长期处于敌对情绪的孩子，会经常把他人摆在自己的对立面，这将会使孩子的人际关系越来越糟糕，性格越来越孤僻。长此以往，对于孩子的身心健康都是极为不利的。

那么，作为父母的我们，该怎样去帮助孩子消除内心的这种坏情绪呢？

首先，父母要掌握孩子的心理特点。在很多孩子的内心深处，都存在着这种不良情绪的顽石。那么，究竟是哪种因素导致孩子在小小的年纪就用抵触的方式来应对身边的人和事物呢？

第一，心理承受能力低下。要知道，每个人都有一个承受压力的界限，这种承受压力的能力，可以让我们对社会环境更快地适应和接受。但有些孩子的承压能力较弱，压力一旦超出了他们的可承受范围，便会使他们滋生出一些消极的思想，以及不好的行为习惯。

他们在日常生活中，只能接受自己认同的事物，只愿意享受成功的喜悦和赞美，而一些不顺心的事情，一次小小的挫折和困难，都可能使他们产生逆反的心理，甚至一蹶不振。

第二，学习的压力巨大。我们如今的教育是填鸭式教育，这就让很多处于升学阶段的学生学习压力巨大，精神时刻处于紧绷状态，如此，就会使他们用敌对的方式来发泄和缓解自己的情绪。

此时，他们除了会对学校的老师、家里的父母、同班的同学有敌对情绪产生，还会向一些没有反对情绪的物品宣泄自己心中长久以来的压抑和憋闷感。比如，在心情郁结的时候踩踏草坪中的花草，摔打自己的铅笔盒、书包，脚踢桌椅等。

第三，家庭环境和学校环境的恶劣，也容易让孩子产生敌对心理。在一些家庭中，父母由于工作不如意，在外面受了气，就会把各种不好的情绪带回家里。比如，把孩子当作出气筒，心情不好就骂上几句，甚至一个不高兴还要打上一顿。对于父母这种情绪失控的暴力行为，孩子往往都会生出反抗的心理和行为。

在学校中，一些老师只喜欢那些学习成绩好、家庭条件优渥、有特长的学生，对那些学习成绩不好、能力差又无良好家庭条件的学生不闻不问，甚至持有偏见。而这些不受待见的学生，自尊和自信都遭受到了极大的打击，心理自然会生出不平衡，便会用消极的方式来对待周围的一切，产生出敌对情绪。

第四，孩子在成长过程中的冲突。中学时期的孩子，正是从孩童走向成人的过渡阶段，身心发育很快，一些属于成人的意识也在逐步完善，他们已经有了独立思考问题、判断是非的能力，在行动上也变得越来越独立。他们已经不会在像以前那样，许多事情都依靠父母来解决，父母和老师说什么就是什么，而是有了一套自我评判的标准。

只是这套评判的标准还不够完整，并没有达到成人的水准，这便造成了孩子思考问题的片面、浅薄，易情感用事，克制力低下等，一些父母对此忧心忡忡，难以完全放手，因此还是喜欢指手画脚地管教孩子。

而这种不正当的管教方式，往往起到的却是相反的效果，长此以往，会让孩子觉得得不到尊重，没有自主感，会给他们一种错觉，那就是唯有抗争，唯有和父母对着来，才能显得自己真的长大了，真的独立了。如此一来，便滋生出了逆反的情绪和心理。

第五，孩子对于尊重的需要以及群体中地位下降的抵触。随着年龄的增长，高中时期的孩子心理也产生了不同的变化。他们思维活跃，但是对一些事物的认知却比较肤浅，情感丰富多彩却也极不稳定，心理冲突和自我的矛盾的想法也层出不穷。

在高中以前的阶段，一些孩子享受着父母的过度溺爱和保护，学校里老师的过度照顾，而进入高中后，环境的变化，角色的转变，对自我要求的提高，心理情感的变化等，都要一一去面对。这些突如其来的变故，使得他们埋藏在心底深处的脆弱和承受能力低下的弱点全都暴露了出来。

其次，身为父母，我们应该要多与孩子进行交流和互动，要时刻注意他们的心理变化，对于一些不好的苗头要及时给予掐灭和纠正，并加以适当的引导。这样才能使孩子拥有良好的交际能力和更多真心的朋友。

敌对情绪的产生，通常是由双方对彼此的不了解引起的。这就需要作为父母的我们多和孩子亲近，多聆听他们内心最真实的想法，多给予理解和支持；对于不当的想法、偏颇的思想，要温和地劝导。这样不仅可以化解彼此的误会，走进对方的内心，还可以促进父母和子女间的关系，让彼此的感情纽带更加牢固。

就拿以上这个例子来说，蓝蓝全家在面临这种情况的时候，其实最简单而有效的方法，就是由父亲来主持一场家庭会议。这时，作为父母，要主动对最近家庭中出现的种种矛盾和问题做出检讨，并承认自己忽略了孩子的感受。甚至可以更详细地列出几件典型事件，来对忽略蓝蓝的感受而造成的伤害进行诚恳的道歉。

相信只要父母的态度让蓝蓝感到了自己被重视和理解，蓝蓝愤怒的情绪就会变得平和。当双方建立起友好交流的桥梁后，彼此的关系也会得到改善。随后再进一步调整自己的语言，尽量从对方的角度来思考解决方法，并让大家都说出自己心里的想法和感受，彼此间进行良好的沟通和了解，家庭的氛围自然会恢复到往昔的温馨美好。这里我们需要明白，家庭关系的和谐，需要所有人的共同努力，在必要的时候，甚至可以多进行一些“开会”这样的家庭式治疗。

再次，对于现今的教育方式，身为父母，我们要学会与时俱进，进行针对性的改变。我们要从根源上消融孩子的敌对心理。孩子从来不是机器人，他们有着自己的情感，有着自己的喜怒哀乐，我们必须要尝试着成为孩子最好的伙伴，走进他们的内心深处，了解他们的快乐和悲伤，帮助他们解决内心的苦闷和委屈。

身为父母的我们，还可以教给孩子一些缓解压力、调节自身情绪的方法。比如唱歌、跳舞、爬山、和朋友逛街等。

除此之外，我们如果想要通过良好的教育来软化孩子内心的顽石，还需要从以下几方面入手：

一是要让孩子感觉到被尊重和关爱。教育孩子首先要让孩子感受到你的爱，特别是那些有着敌对心理的孩子，更想得到真诚的关爱。这些有着敌对情绪的孩子，其实并未完全放弃自己，只是钻入了一个死胡同，无法自己走脱，这时就需要我们付出更多的关爱和真心，带领他们走出迷茫，使其感受到来自别人的尊重和认同。只要我们敞开温暖的怀抱，相信一定会俘获孩子真诚的心。

二是要让孩子多参加一些集体活动，让他们感受到与人相处的快乐。沉默寡言，拒人千里之外是有敌对心理孩子的常有表现。这个时候，就需要身为父母的我们鼓励孩子多参加一些团体活动，让他们在这些活动中，释放自己的情绪，结交更多的朋友，认识到自己的优缺点，并进行友好的互动和学习。

三是身为父母的我们要学会发现孩子身上的亮点，在恰当的时机给予赞扬和嘉奖。“孩子需要鼓励，就像植物需要阳光，离开了鼓励，孩子不能生存。”这是一位著名教育家的格言。

父母给予的认同和赞扬，会让孩子的自尊心得到无与伦比的满足，还可以很好地瓦解孩子敌对心理的防线，让他们能够把良好的习惯保持下去。因此，对于有着敌对情绪心理的孩子，身为父母，我们在日常生活中必须要多加关注，只要孩子有了哪怕一点点的进步，都要给予积极的回应和适当的表扬。父母对于孩子的认同，是孩子成长道路上必不可少的养分。

四是我们还要以身作则，要让孩子明白：只有我们对别人露出善意，别人才会对我们报以善意，而微笑便是最好的善意。如果我们露出敌意，别人就会对我们警惕。就像镜子，我们以一副怎样的面容对它，它就会还给我们同样的面容。

总之，想要纾解孩子的不良情绪，需要身为父母的我们付出艰辛的劳动，只有帮助孩子缓和情绪，理清情绪，才能够让孩子的不良情绪都湮灭在萌芽之中。只有时刻关注孩子的情绪，并加以正确的引导和指正，孩子才会无忧无虑，健康、快乐地成长。

第六章　培养孩子的自主学习意识

自主学习能力，是所有能力中最重要的一种能力。我们的孩子如果有了自主学习意识，即使在身边没有父母和老师的情况下，依然可以自己学习新的知识，掌握新的技能，解决新的问题。

但是，培养孩子的自主学习意识，需要我们父母根据孩子的身心特点加以引导，强化训练，有步骤、有计划地培养。只有及早树立这种意识，孩子的良好学习习惯才会形成。

让孩子按自己的兴趣学习

兴趣是人们对特定的事物、活动所产生的一种积极的、带有倾向性、选择性的态度和情绪。兴趣就像是一种强大的动力，当我们将它运用到某件事情或某项活动中时，就会非常投入和用心。

任何一个人，只要面对他所感兴趣的事物，就会对其产生强烈的求知欲望，并会明显地表现出对所学内容必须理解、必须掌握的心理倾向，全力以赴地去探索和研究。例如，一个学生迷上了英语，没有任何人督促，他就会早起晚睡地背单词、记句型、学语法，直到精通这一门课。

在家庭教育中，我们父母一定要关注孩子的兴趣点，一旦发现孩子对某种事物产生兴趣，就应该大力支持，积极扶持，把兴趣变成孩子的特长，让他们沿着兴趣的通道登上高效学习的列车，驶向人生的成功之路。

一个孩子，他对一件事越有兴趣，做事的热情就越大，干劲就越足，得到的结果也会与众不同。请看下面这个故事：

林森是大别山区的孩子，他的父母都是老实巴交的农民，而且还都是脑膜炎后遗症患者。在林森的成长过程中，他当小学老师的叔叔起到了很好的引导作用。

由于父母患病，林森在年纪很小的时候，就早早地替父母操心起了家里的事。七岁那年，他家分到一块土地，他父母看后认为分的面积不够，就让他去告诉自己的叔叔。

林森的叔叔是一位优秀的小学老师。他听明白了问题后，亲自随林森去地里核实了一遍，然后告诉他面积没有错。

小林森问："我家的这块地是个长条形，上面小，下面大；我们旁边这家的地是方方正正的，分地的时候怎能才能保证大家分得都是一样大呢？"

叔叔说："用不同的计算面积的公式就能算出来同样大的面积。比如，你家这块地是梯形，可以用上底加下底乘高除二计算面积；你家旁边这块地是正方形，用两条边的边长相乘就能算出面积。无论什么形状都有计算面积的公式。"

小林森有点儿不相信："这形状长的长，窄的窄，算出来是一样大，可实际上能是一样大吗？"

"我教你个方法，你回去找张纸剪两块面积相同的梯形和正方形，然后剪开拼成同样的形状，看它们实际上是不是一样大。"

小林森回去以后，找了一张旧报纸，用剪刀剪了两块面积同样大小梯形和正方形，然后把它们拼成相同的形状，他发现二者果然一般大小。

这件事对小林森的影响非常大，他从此对数学产生了极大的兴趣，后来在老师开始教面积的算法时，他对各种形状面积的求解已经非常精通了。

有一次，叔叔带他到县城去参加数学竞赛，坐在车上，小林森发现了一个非常有趣的现象，他对叔叔说：

“公路上的人都在飞速后退。”

叔叔看着车窗外说：“那不是人在倒退，是我们坐的车在向前跑！”

“那为什么我只看见窗外的风景在变，车就像没动一样呢？”小林森很好奇地问。

“我们坐在车里确实感觉不到车在走。但是你在车外的时候，看见汽车的时候，它是什么样的呢？”

“那当然是车在跑。”小林森说，“我们根本追不上它。这是为什么呢？”小林森又问。

“这是因为参照物不同造成的，等你上了初中学了物理就知道是怎么回事了。”叔叔把物理的相关知识给他简单地做了介绍。

小林森听得很专注，从此，他又对物理产生了浓厚的兴趣。回去后，他就向高年级的同学借来了初中的物理书，开始学习。

小林森上初中时，各科的成绩都非常好，因为很多课程他已经提前学习过，他学得非常轻松。这种状态一直保持到高中毕业。高考的那一年，他以高分成为本县的理科状元，最后被清华大学录取。

林森能被清华大学录取，是与他当老师的叔叔的教育分不开的，而林森叔叔的教育就是兴趣教育。林森正是因为对数学和物理有了强烈的兴趣，并能带着兴趣去钻研和学习，才取得了别人难以企及的成绩，并成为名牌学府的学生。

著名科学家爱因斯坦曾经说过：“兴趣是最好的老师。”日本教育家木村久一也曾说过：“所谓天才，就是强烈的兴趣和顽强的入迷。”牛顿、爱因斯坦等著名科学家之所以成为人类最杰出的人才，其中最重要的一点就是他们对自己所从事的事业有着浓厚的兴趣。也就是说，是他们的兴趣造就了自己的杰出。

兴趣如此重要，但是，我们很多父母却对孩子的兴趣漠不关心，更对如何孵化孩子的兴趣一无所知。作为父母，只有懂得孵化孩子的兴趣，孩子才会不停地对知识进行探索，才会变得更聪明、更优秀。

那么，一个称职的父母，应该如何培养孩子的学习兴趣呢？

一是孩子的学习兴趣必须从小培养。因为孩子小时，正是学习的黄金时期，也是我们父母教育的黄金时期。此时的孩子比较依赖父母，也容易听父母的话，而且头脑清醒，记忆力强，能够装进去知识。早进行培养，就能使孩子早形成好的学习习惯。

二是为孩子营造一个优质的学习环境。兴趣不是随随便便就能养成的，培养孩子的学习兴趣，需要一个适合孩子学习的环境。最好的办法就是在家里创造一种浓厚的学习氛围，我们父母可以和孩子一起学习，一起进步。

三是帮助孩子总结学习规律。在学习上能够迅速找出规律的孩子，理解问题和解决问题的能力较强，进步较快。而找不到学习的规律，孩子学习起来就会如同面对一团乱麻，理不清头绪，找不到方法，时间一长就会对学习失去兴趣。因此，我们父母要引导孩子总结学习规律，提高学习能力。这样，每天哪怕有一点点进步，他们也会乐意学习下去的。

四是多为孩子创造成功的机会。我们父母引导孩子应该从最简单的事做起，要多为孩子制造一些成功的机会。因为成功是前进的动力，如果知识难度太高，孩子学不会，时间一长孩子就会滋生自我否定感，失去学习的兴趣。

打个比方，如果孩子上初中了，英语没学好，我们父母可以把小学的英语课本拿出来，让孩子从第一页开始学起，一点一点进步，让他逐步增强信心，这样他就有兴趣学下去了。

五是多鼓励和表扬，少批评打击。在学习的过程中，当孩子取得成绩的时候，我们父母要及时地给予肯定，让孩子从我们的鼓励和表扬中找到快乐。当孩子有了错误和失误时，我们也不要打击他、谩骂他，而应该帮助孩子找出犯错的原因，促使他认识不足，改正错误。

六是带领孩子到生活中去学习。在现有的教育实践中，无论是学校还是父母，往往只注重完成理论学习，而忽视实践教育，使教育常常与生活脱节，让孩子觉得书本上学的知识无用。

如果我们父母利用课余时间，针对课本学习的内容，引导孩子观察生活中与其相关的事例，理论联系实际，一边探索一边运用，那么，一定会引起孩子极大的兴趣。

七是科学安排时间，劳逸结合。在学习的过程中，我们父母应该关心孩子的身体健康，不要让学习拖垮了孩子的身体。要注意劳逸结合，以保持孩子学习的精力和效率。因为学习是一辈子的事，不懂得科学安排时间，搞垮了身体，就得不偿失了。

总之，无论我们的孩子多么聪明，多么有天赋，父母都应该关注孩子的兴趣所在，并依据其兴趣，指引孩子的发展方向，促使其进步。许多孩子小时天赋异禀，长大后却一事无成，其原因很可能就是父母没有从孵化孩子的兴趣入手！

“没有培养好孩子的大人首先不要发牢骚，应该分析一下没有培养好孩子的原因。”是的，只要我们父母找到了没有培养好孩子的原因，那么，塑造一个健康、优秀的孩子又有何难呢！

引导孩子自己动脑筋

我们父母应该明白，动脑筋是孩子认识问题、解决问题的主要手段。一个孩子能不能学到知识，主要看他会不会使用自己的大脑进行思考。

一些孩子在学习的过程中，有的好钻牛角尖，经常使自己走进死胡同；有的面对稍难一些的问题，不愿意思考，只求个“大概”“差不多”。

这些孩子看似头脑不太笨，但在学习上总不能让父母满意，其中的原因就是他们在学习的过程中不会动脑筋。

有社会学家和心理学家曾经对世界上一些杰出的科学家进行过调查和分析，认为“大胆思考”“喜欢独立思考，不喜欢思想束缚”“大胆地提出想法并大胆地捍卫它”，是一些优秀的科学家和发明家的共同素质。

德国哲学家海德格尔曾经说过：“所有的思考都是诗。”他把思考上升到诗意的境界。我们大部分人恐怕达到不到这种境界，但我们起码要懂得思考的作用，思考既能“思接千载”，又能“视通万里”。

因此，在孩子学习的过程中，我们父母既要启发孩子去想、去分析面对的问题，又要让孩子用自己已有的知识去解决问题。这样，孩子才能学得好。

一个母亲带着孩子看电影《小兵张嘎》，她三年级的儿子对张嘎佩服得不得了。看完电影后母亲问了孩子这样一个问题："你知道张嘎为什么不上学吗？"

孩子当然不知道那时候中国的状况，一下子就被母亲问住了。同时，孩子也开始思考这样一个问题。这时，母亲给他找来一些有关的书籍让孩子自己去找答案。

在母亲给的书里，其中有一本叫《一本珍贵的教科书》的连环画，讲的是解放战争时期，老师和孩子们在敌人的围追堵截下坚持学习的故事。

孩子看了以后，马上就问他的母亲："是不是日本鬼子把学校都给炸了呀？"

可以看出，孩子从《一本珍贵的教科书》里看到当时念书是那样不易，由此想到抗日战争时期张嘎不能读书的原因，这是孩子思考的结果。

孩子因此得出的结论，在心中留下的印象比任何人亲口告诉他都深刻得多。同时，我们也相信，当以后孩子学习那段历史的时候，他一定会学得很好。

我们父母要让孩子学会思考，不是一朝一夕的事，它需要对孩子进行漫长而艰辛的引导。说漫长而艰辛，是因为只有长时间地不断启发孩子，对提高孩子的成绩才有很好的效果。

这就要求我们父母在这方面要做一个有心人，注意在生活的点点滴滴中对孩子进行思考训练。

一是要多用一些假设式的问话。在日常生活中，我们父母与孩子交流时，可以多提一些有知识含量的问题，这些问题或许孩子一时回答不上来，但是通过思考或者提示，当孩子知道答案时，会对孩子的思维活动有一个极好的训练。

很多父母为了显示自己做长辈的威严，对孩子总是不苟言笑，在一些问题上是就是是，非就是非，这种交流不利于孩子思考能力的锻炼。

教育专家研究发现，年轻的父母对幼儿多用一些假设式的问话，对孩子更有启发性。例如，父母可以这样问孩子：

“如果你不关煤气，你想会发生什么事呢？”

“没有了太阳与没有了月亮，各会出现什么状况？”

这些问题会引导孩子思考，孩子也更容易记住事情的结果，多提这样的问题更能促使孩子智力的提高。

二是锻炼孩子的发散思维。发散思维是指大脑在思维时呈现出一种扩散状态，如“一题多解”“一物多用”等就是这种状态的典型运用。发散思维训练能使孩子思考问题更全面，拥有更多视角。

例如，在孩子很小的时候，可以多问一些简单的问题：“笔有什么用？”“纸除了写字还有哪些用处？”“把树上的果子弄到手有几种办法？”

在孩子大一些时，可以问一些与物理和化学有关的比较深奥的问题。如：“夏天有几种办法使自己凉爽？”“哪些气体可以燃烧？”

三是故意“刁难”孩子。对于一些生活中的问题，让孩子自己去解决。我们父母孩子可以设置一些难题，要求孩子去完成。比如，当孩子完成一道数学题后，父母可以要求他用另一种方法解答出来。

四是经常与孩子“抬杠”。有时，我们父母知道孩子是对的，却装作不理解，在孩子解释的过程中与孩子争辩。与孩子争论可引发孩子的大脑高速运转，不仅能培养其思维的敏捷性，而且能提高孩子对许多问题的认识水平。

五是鼓励孩子提问题。只有善于思考的人才善于提出疑问，提问题是爱思考的表现。一个人的提问水平与他的思维的水平成正比。提问题水平越高，思维水平就越高。能够多次提出高质量问题的孩子常常能够解决一些别人不能解决的问题。

因此，我们父母要鼓励孩子对一些事物大胆提出自己的见解和质疑，并通过探索事物的内在联系找到它们的答案，即使孩子有些问题很幼稚或可笑，也不能简单地否定。

总之，我们父母要引导孩子多动脑筋多思考，从而提高他们的智力水平。善于思考的孩子，就善于学习，如果足够勤奋，就相对容易获得成功。孩子之间学习成绩的差距，更多是思考方法的差别。一个比他人更会思考的孩子，学习兴趣更浓厚，成绩自然也会比他人优秀。

教孩子合理分配学习时间

我们每个父母都非常清楚，孩子的学习成绩与学习时间成正比例关系。有位学者曾说："谁拥有更多的时间，谁就会拥有更多的成就。"对于孩子的学习来说，谁拥有更多的时间，谁就会获得更多的知识。因此，教会孩子合理分配学习时间是十分重要的。

下面我们先来看一个案例：

小�是小学三年级的学生。爸爸对她的要求非常严格。白天小�要听老师讲课，做课堂作业。晚上回到家，做完家庭作业，爸爸还要对她进行辅导。小�只要回答不上来问题，就会遭到爸爸的斥责，但小�从来不敢反抗爸爸。

慢慢地，小�产生一种恐惧心理，上课也没心思听讲了，下课虽然拼命地学习，可她的精神状态一直不好。

有一次，小�班里组织全班摸底考试，小�考得很不理想。当爸爸听到她的成绩时，火冒三丈："你是怎样学的，天天给你辅导还考成那样？笨得简直像只猪！"

此时，小�是忍无可忍："都是因为你给我辅导的，我不会你就批评，使我的大脑天天处于紧张状态，从来不敢放松，现在课堂上我都听不进去老师讲的是什么！"

小�越说越气。此时，爸爸也是满腹委屈："好，从现在开始，我再也不管你了，爱学不学！”

过了一段时间，小芒终于恢复到以前的状态，上课认真地听老师讲课，下课后主动复习。不久，小芒的成绩大大提高了。

故事中的爸爸虽然花费了很多时间为孩子补习功课，却都没有取得好的效果。其根本原因，就是没有合理安排孩子的学习时间，致使孩子白天要上老师的课，晚上还要上他的课，弄得神经高度紧张，最后孩子不但没有学会他开的“小灶”，而且连课堂上的课也没有学好。这个教训确实需要那些“望子成龙”的家长好好汲取。

研究表明，孩子的优异成绩，都是合理运用课堂时间获得的。学校的教材是通过专家研究编制的，里面的内容囊括了孩子从6岁到18岁应该掌握的所有知识。如果每一个孩子认真掌握了老师所教授的各科内容，就等于掌握了今后进入社会生活和工作的钥匙。当然，若想精通这些知识，还需要进入高等学府继续深造。

任何一个中小学生，只要能够在课堂上认真听讲，不浪费课堂上的一分一秒，切实学好各年龄段应该掌握的基本内容，那么就抓住了学习的主动权，就可以取得理想的学习效果。

事实上，老师在不同学年课堂上所讲的内容，都是这个年龄段的孩子应该掌握的内容，我们的孩子只要把这些知识点学会弄懂就行了，没有必要再去额外学习其他东西。

但是，我们许多父母却要额外占用孩子课堂外的业余时间。他们除了让孩子白天上课、节假日补课外，每天晚上还要让孩子们看各种课外辅导书、做课外练习题，不到半夜不让孩子睡觉。

可是这样做，并不一定能够达到预期的目的，或许这些孩子会解几道脑洞大开的难题，也能做几道日常有些难度的怪题，但是他们却因为基础知识的欠缺，很难掌握系统的知识，也取得不了令人满意的成绩。

那么，如何合理地分配学习时间，才能使孩子达到最佳的学习状态呢？这是我们每个父母和孩子都关心的问题。下面简要做一下介绍：

其一，合理分配学习时间。我们父母要让孩子明白，哪些时间是不能耽误的重要时间，哪些是可以放松的休息时间。只有做到劳逸结合，才能提高学习效率。

一般来说，课堂上的时间是正在上学的孩子最重要的时间，充分利用课堂时间学习老师讲述的每一个知识点，是在校学生获取知识的最主要的途径。在课堂上，认真听老师讲课，积极地思考老师提出的问题，做好课堂笔记，完成老师布置的作业，是每一个学生完成学习任务的基础。

与每一节课相比，其他时间都可以作为孩子放松的时间。在课堂之外，孩子可以娱乐，也可以休息，当然只要精力允许，也可以自己钻研一些感兴趣的知识。

其二，培养孩子合理分配课外时间的能力。我们父母除了要求孩子不放过课堂上的时间，还应该在课下督促孩子好好复习课堂上所学习的知识。每个孩子的智力是有高低的。有的孩子在课堂上能够理解老师教授的新知识，并迅速掌握；但有的接受能力差的孩子，仅凭课堂时间是远远不够的。

因此，我们还应该引导孩子合理安排课外的时间，领会、吸收老师所教授的内容。只有完全理解了老师讲授的每一个知识点，掌握了每节课老师所讲的新知识，才算完成了当天的学习任务。

事实上，合理利用时间，孩子就能更有效率地掌握各科知识，学习时就会有条有理，考试时也不会手忙脚乱。而越是不会利用时间的孩子，就越是身心疲惫，越会对学习失去信心。

英国著名博物学家、达尔文进化论最杰出的代表赫胥黎曾经说过：“时间最不偏私，给任何人都是二十四小时；时间也最偏私，给任何人都不是二十四小时。”

是啊！时间是最公正的，它给予每个人的都是一样多；但是，时间也最偏爱那些珍惜它的人，它总是使他们同样的二十四小时，获得的价值远远超过其他人。我们父母也应该使孩子养成珍惜时间的习惯，努力使他们在有限的时间内创造出无限的价值。

总之，我们父母要想一切办法培养孩子合理利用学习时间的能力，而不是额外增加孩子的学习时间，加重孩子的学习负担。只要孩子养成了良好的合理分配学习时间的习惯，就能获得学习上的乐趣，成绩自然就会得到提高。

不要用分数衡量孩子

现代社会，在升学制度的压力下，孩子的自我价值，常常量化为成绩单上的分数。成绩好的孩子，是学校和家庭的宠儿，走到哪里都高人一头，父母时常还会有一些物质奖励；成绩不好的孩子，哪怕其他方面有好的表现，也无法摆脱老师和父母的冷眼，有时还会受到家长喋喋不休的唠叨和声色俱厉的训斥。

不可否认，考试成绩作为衡量学习优劣的标志之一，确实有其无比重要的意义。但是，把分数作为评价孩子好坏的唯一标准，甚至用钱财奖励考试高分孩子的做法未免有失偏颇。

首先，评价一个孩子的好坏并不是仅仅只看分数一个方面，它还应该包括德、体、美、劳等多个方面，仅用“智”一个方面就冠以“好孩子”的称号未免以偏概全。君不见很多智商高的孩子品行不端，也有很多成绩好的孩子没有生活自理能力……这些事例都说明，仅用分数来衡量一个孩子的好坏是不恰当的，也是不科学的。

其次，用钱财奖励高分孩子，会使孩子学习动机发生偏差。当孩子因考得好而得到奖励时，他可能产生为钱而学习的错误思想，而一旦他下次没有得到奖励，心里就会不舒服。为了“抗议”，他甚至会以放松学习为要挟，以获得更多的奖励。

再次，过度使用钱财奖励孩子会失去其他有效激励孩子学习的方法。很多父母认为，只要重金奖励孩子的学习成绩，孩子就会好好学习。其实这种想法是不对的。因为过分看重金钱的作用，会滋长孩子“金钱至上”的观念，使孩子产生除了金钱其他什么都不重要的错误思想。一旦金钱的魅力消失，父母将没有其他方法再让孩子专心于学习。

父母们应当明白，我们让孩子上学的最终目的是培养他们长大后的生活能力和工作能力，而不是要他们死记硬背某个学科。实践证明，学习成绩不好的人，并不代表他在其他方面不能获得成功。

一些父母过分强调分数的作用，否定孩子的人生价值，无形中传递给孩子不健康的价值观，造成孩子成长过程中价值观的偏差。

有一个小女孩，非常痴迷舞蹈，每当听到音乐，就能随着节拍起舞，对音乐的演绎也很准确，她的舞蹈天分被很多人称赞。

有一年的“六一”儿童节，学校举行文艺演出，这个孩子参加一个舞蹈表演活动，可是演出即将开始时，跳领舞的孩子却没有来，老师没办法，只好让这个女孩顶上了领舞角色。

排练时女孩并没有表演过这个角色，但她顶替领舞角色后，其舞蹈动作、音乐节拍、队形变换以及与舞伴的配合都非常到位，她的表演赢得了观众的阵阵掌声。

可是“六一”之后，这个孩子却被她父母禁止跳舞，原因是她有两门主课的成绩期中考试考得不理想。她的父母认为，是跳舞让孩子分了心，使她没把主要精力放在学习上，导致成绩下降。

我们很多父母把分数看作是衡量孩子成绩的唯一标准，认为只有高分的孩子将来才有出息，而把低分或者其他才艺当作不务正业。这种认识扼杀了许多孩子的天性，使他们一辈子只能在自己不感兴趣的行业中蹉跎一生。

其实，孩子的智力水平是有差异的，他们有的擅长逻辑思维，有的喜欢形象思维，有的爱好动作思维。各种思维活动没有高低之分，也没有好坏之别。

我们父母应该在生活中仔细观察孩子，从中发现孩子智力的差异性，并依据孩子的兴趣特长进行培养，让其用优势智能带动弱势智能，促使孩子健康、快乐地成长。

那么，作为父母，我们应该如何正确地对待孩子的考试成绩呢？下面先来看一个例子：

方方是家里的独生子，在他上小学时，所有同学的家长关心的都是他们的学习成绩。但方方的爸爸却和其他家长不一样。

爸爸说："孩子，你各科成绩只要考及格就行了。"

"真的只及格就行？"儿子问。班级分数竞争激烈，很多同学为满分日夜不停地奋战。

"是的！"爸爸点点头。

"及格就代表合格。在我们工厂里，产品合格就可以出厂。在学校，只要你各科成绩合格，就代表你这门功课过关。我不要求你每科非要争第一名、第二名，我们没有必要把精力浪费在名次的争夺上。我认为，追求知识是人世间的一种乐趣，如果我们整天想的只是考多少分数，那多累呀，我认为没有必要！"

方方父亲的话让儿子突然觉得身体一轻，仿佛卸掉了一座沉重的大山。他高兴地说道："爸爸，如果只是及格，我会有很多空闲时间，我要想想用这些时间来做点什么事情。”

“你想做点什么呢？”爸爸感兴趣地问。

方方说：“我要看我喜欢的书，做我爱做的事。”

“好啊！有什么需要爸爸帮忙的，尽管说，爸爸一定全力支持。”

从此以后，方方上课时间认真学习，按时完成课堂作业，课外时间大量阅读课外书籍，有时还做点自己感兴趣的小实验、小发明。他在自主地学习中体验到了巨大的精神愉悦。

高中毕业后，他考上了北京的一所普通大学，毕业后因其丰富的多学科知识顺利成为该所学校的一名教师。

方方的爸爸不重分数，重素质教育，使孩子顺利成长为北京高等学府的一名教师。方方的故事告诉我们如下道理：

一是孩子的智能是多方面的，我们父母要做一个有心人，去发现孩子身上的特殊才能，一旦孩子的潜能被发挥出来，就因材施教，设置独特的符合个人需要的课程。适当的教育方式、启发性的学习环境都可以扩展孩子的能力。

二是客观对待孩子的学习成绩，这对孩子的健康成长非常重要。我们父母不要把孩子的考试分数当成衡量好坏的唯一标准，而应该全面考察孩子的综合能力，对孩子感兴趣的方面重点培养。俗话说，三百六十行，行行出状元。只要孩子有一方面的独特才能，并在这一方面能够学好，那么，他的将来都是有出路的。

我们父母决不能以分数论成败，而应该掌握孩子的全面情况，关心他们的学习和进步。我们要让孩子体验到家庭的温暖，感受到父母的关心，让他朝着自己的目标去努力。当孩子在某一方面有了进步时，我们父母既要及时肯定他的成绩，也要指出他的不足，这样才能促使孩子更有信心进行后面的学习。

三是警惕孩子的厌学心理。有些父母过分看重分数的作用，导致有些成绩达不到父母要求的孩子，产生严重的厌学心理。某些单科成绩上不去的学生，因为总成绩的分数不高，受到父母批评和责骂，也会有不想继续努力的想法。

这种厌学现象完全是我们父母造成的，是由我们错误的教育理念导致的。我们应该明白，分数只能代表某一学科和某一阶段的学习情况，而不能代表孩子的整体学习状况。片面地重视孩子分数的做法，只会使孩子远离学习。

当然，成绩并不是不重要，但是一次考试甚至几次考试不能代表孩子的全部，我们应该看重的是孩子成长的过程，而不是一两次考试分数的高低。

总之，我们父母不要老拿“分数”去衡量一个孩子。因为现代社会需要各式各样的人才，不是只需要考试的“尖子”。我们父母应该竭尽所能把自己的孩子培养成某一方面的人才，没有必要用分数的高低去衡量孩子。

我们应该明白：每一个孩子都是一粒能成长为参天大树的“种子”，可他们是否能够真的长成大树，还必须仰仗我们父母提供良好的环境和优质的土壤。

帮助孩子为梦想而努力

每一个孩子都有梦想，每一个孩子也都想成就梦想。梦想是孩子成长和发展的助推剂，向着梦想前进，孩子就会有无穷的动力，前面即使有再大的困难，也挡不住他们的步伐；缺少梦想的指引，人生就没有方向，哪怕前途一片光明，他们也会觉得渺茫。

我们父母应该鼓励孩子追求自己的梦想，克服前进道路上的困难，努力实现人生道路上的目标，就像下面这个故事中的父亲一样：

有个老师让学生们写一篇关于梦想的作文，其中一个孩子描述了他的梦想，他将来要拥有一座庄园，有牛、羊、花草、树木，他要当这个庄园的主人。

老师看了这个孩子的作文后，说孩子的梦想不切实际，满篇空话，让他重新写。孩子回去把作文给自己的父亲看，委屈地说："爸爸，我的这个梦想不好吗？老师为什么让我重写？"

父亲郑重地对孩子说："你自己的梦想是什么，你就写什么。谁也没有权力要求你改变！"

这个孩子听了父亲的话，没有修改他的作文，还是原样交给了老师。老师给这篇作文判了不及格。

多年后，已经是白发苍苍的老师，接到学校通知，要他带着他的新学生参观当地一座新建成的庄园。老师带着学生进去后，发现这个庄园风景秀丽，面积很大，绿草成茵，牛羊成群，还有风格别致的两层楼房。

令老师没有想到的是，这座庄园的主人就是当年写作文想拥有自己的庄园的孩子。老师感慨地对这个孩子说："作为老师，我曾经扼杀了你的梦想，而你却没有放弃，并终于实现了自己的梦想。老师惭愧啊！"

对于一个未成年的孩子，我们父母给予的支持和鼓励的力量是异常强大的。在这个故事里，由于父亲的支持，孩子就没有理睬老师的权威，而是勇敢地坚持自己的梦想，直到把梦想变为现实。

教育专家认为，孩子的理想是在看到能够触动自己的事物后萌发的，当我们父母知道孩子的理想时，应该全力支持，千万不要泼冷水或打击孩子。因为孩子的理想之火一旦被浇灭，就很难再燃烧起来。请看下面一个事例：

有个孩子看到一部关于军人题材的电影后，深受触动，他对父亲说："爸爸，我长大以后想当一名军人。"

父亲说："很好啊！我赞成。不过现在你必须好好读书，因为军人的要求很严格，不但要有高中以上文化程度，而且还要有强壮的身体素质，最重要的是要有一不怕苦二不怕死的精神。你平时在家一点儿苦都不能吃，又不爱上体育课，想当军人恐怕要下大力气啊！要不，从明天开始，你就开始早点儿起床锻炼身体吧！"

听了父亲的话，一想到起早贪黑锻炼身体的情景，孩子一下子打消了当军人的念头，此后再也没有提过。

本例中的父亲，从表面上看对孩子的理想是支持的，但实际上却是掐灭了孩子的理想之火。作为父母，支持孩子的理想要有正确的方法，说话要深思熟虑，不要信口开河，否则就会无形中阻断孩子的理想之路。

因为孩子的世界观不成熟，心理承受能力差，偶然萌发的理想也非常稚嫩，缺乏理性，此时我们父母如果用严格的标准来要求孩子，会使孩子茫然无措，最终只得放弃。

对待孩子的理想，我们父母应该像对待稚嫩的幼苗一样细心呵护，尽力栽培。理想的确立是一个循序渐进的过程，一个由初步设想的萌芽到长成参天大树的过程。

有一些父母，在孩子还小的时候，对孩子担保："你长大以后想做什么都可以，我们绝对支持你。"当孩子说将来要当科学家、发明家、钢琴家时，父母觉得孩子的这种想法真是可爱极了！并且也会鼓励孩子说："你真聪明，将来一定会成功。"

但是，当一个十几岁的孩子夸口将来要成为职业滑雪高手，或者是专业的架子鼓手时，很多父母的反应大多不太赞同："做哪行不好，现在的社会竞争压力太大了，要找个实际一点儿的工作才行。"

我们每一个父母都知道行行出状元，但是我们谁都想帮助孩子走上自己认为"正确"的道路，总是会鄙视孩子一些不合自己心意的梦想，而这种"鄙视"常常扼杀了无数孩子的真正梦想。

对待孩子的梦想，无论它有多么不靠谱，我们父母都不应轻视和嘲笑，因为我们的不当言辞会使孩子失去追求梦想的积极性。那么，我们父母怎样才是对孩子理想的真正支持呢？怎样才不会扼杀孩子的梦想呢？

一要帮助孩子仔细分析梦想。引导孩子问问自己："我为什么有这样的梦想？""除了这个梦想，我还有其他梦想吗？""如果遇到困难，我会放弃这个梦想吗？""要实现这个梦想，我现在应该怎么做？"当孩子认真思考和回答了这些问题时，他才不会把理想仅仅当成一个名词，而是会作为一生的职业重视起来。

二要借助外力落实孩子的理想。有些孩子也对未来充满了憧憬，立志将来要干这干那。但他们只是想想而已，根本就没有落实到行动上来。对于这种情况，我们父母应该想办法，帮助孩子夯实自己的理想，并为之而努力。

比如，孩子说想当天文学家，我们父母就带他去天文馆和科技馆参观，让他了解天文知识，认识浩瀚宇宙的秘密，知道作为一个天文学家需要具备哪些知识。经过多次对孩子的熏陶，让他对天文知识产生兴趣。有了兴趣，就有了向这方面发展的动力。

三要帮助孩子规划人生。有的孩子眼前的事都做不好，更不可能对未来有什么规划。针对这种情况，我们父母要帮助孩子分析自身的优点和长处，选择一个适合孩子发展的人生目标。

总之，我们父母要从孩子的兴趣点、优势等方面分别列出职业前景，以及未来实现的过程中会遇到的困难，让孩子总体衡量，得出自己的最终梦想。然后帮助孩子先定一个小目标，达到这个目标后，再定一个新的目标。这样一步一步，就能让孩子走向通往梦想的大门了。

做孩子梦想实现的催化剂

我们的孩子一旦有了梦想，就是在成长的道路上有了目标，但是要让孩子把他的梦想变成现实，这中间还需要一个艰苦的奋斗过程。在这个过程中，孩子成功与否，往往取决于我们父母对孩子梦想的态度。

孩子有了梦想，如果我们父母能够顺着孩子的梦想指导孩子去努力，这个梦想就有可能变成现实。但是，如果我们父母总是以幼稚、可笑来定义孩子的梦想，那么孩子的思想就会产生动摇，他的梦想就会变成空想或妄想。因此，对于孩子的梦想，我们父母不仅要做一个引导者，而且应该做孩子实现梦想的催化剂。

一般来说，能令孩子着迷的东西，才会使其萌生想法，这样诞生的梦想，不仅对孩子具有很大的诱惑力，而且对孩子有着巨大的鼓舞作用。但是，孩子的思想跳跃性大，他们一会儿对这件事感兴趣，一会儿又对那件事感兴趣，所谓“不定性”，指的就是孩子的这种状态。

因此，我们父母要做的，就是引导孩子坚定自己的梦想，认同理想的价值，并不遗余力地追逐理想，攀登人生高峰。一般来说，孩子梦想的实现，是与父母的鼓励和帮助分不开的。

很小的时候，他就立下了宏伟的誓愿，要成为一个了不起的人物。他的母亲非常支持，并以他为骄傲。但是，他在学校的表现，却没有一点儿能成为了不起人物的征兆。由于数学经常不及格，老师在课堂上多次责骂他。在众人鄙视的目光下，他对自己的梦想有些动摇了。

“老师责骂你，是因为他不了解你；同学歧视你，是因为他们不明白你的志向。”他的妈妈发现孩子情绪低落，便高声对孩子说：“孩子，不要被眼前的困难吓倒。将来有一天，你们学校所有的老师将会以你为荣，你的名字将会被刻在你们学校的墙上。”

母亲的话又使孩子燃起了对自己梦想追求的热情，从那以后，他的梦想明确了：他要成为一个伟大的作家。

以后，每当他取得一些进步的时候，妈妈都不忘表扬他，还把他写的作品展示给邻居们看。在这样的引导下，这个小时候就有宏伟理想的孩子最终获得了诺贝尔文学奖。这就是海明威的故事。海明威后来说，是母亲帮我树立了梦想，才成就了今天的自己……

对于孩子来说，我们父母身上有一种神奇的魔力，它能够帮助孩子向梦想迈进，会让孩子产生巨大的原动力，使他们在困难面前变得坚强，并想方设法克服困难去实现自己的梦想。那么，在日常生活中，我们父母如何帮助孩子实现自己的梦想呢？

首先，我们父母应该强化孩子的梦想。孩子有了一个好的梦想，有时候可能只是他冲动的想法，或者同时还有很多个梦想。在这种情况下，我们父母要善于抓住孩子最有价值的梦想，用强化的方式坚定孩子对自己梦想的追求。

有一个孩子在小的时候，告诉自己的母亲：自己想成为篮球明星。他的母亲听后很高兴，当晚就为孩子的这个梦想庆贺了一番。

此后，母亲常常鼓励他向一些球星学习，并抽出一些时间帮孩子买一些体育杂志，把其中明星的照片剪下来贴到他的房间里，以此来坚定孩子的梦想。

后来，在母亲的引导下，这个孩子开始练习打篮球，稍大一点儿进了学校篮球队。大学时期，他已经是学校篮球队的主力队员，不久就被国家篮球队相中，成为主力队员。就这样，这个孩子的在母亲的强化指导下，一步一步实现了自己的梦想。

其次，帮助孩子把梦想分解实现。无论是什么人，想要一步实现自己的理想都是不可能的。因此，要想让孩子实现梦想，我们父母应该帮孩子把梦想分解成一个个小的目标，使其通过小目标的实现，成就大的梦想，这样梦想的实现就会容易得多。

有一个孩子小时候就很有想法。一天，他的父亲问他："孩子，长大后你想干什么？"

他毫不犹豫地回答父亲说："我要做一名国际刑警！"

"为什么想当国际刑警呢？"父亲对他的想法很感兴趣，便盯着他问道。

"我在电视里看到，国际刑警可以在全世界抓坏人，可威风了！"孩子迟疑了一下，接着说，"还有，他们可以去全世界旅游。"

父亲摸摸孩子的头说："确实，国际刑警可以满世界旅游，同时也可以在全球范围内抓坏人。但是你可能不知道，他们这份工作也很危险，因为他们在抓捕坏人时，必须要面对坏人的枪口和匕首。"

父亲还告诉孩子，做刑警首先要有一个好的身体。

孩子听了父亲的话，并没有被吓倒，而是在自己梦想的感召下，没事就进行体育锻炼，从六七岁开始，他就喜欢上了篮球、跑步等体育项目。长大一点儿后，他又迷上了拳击。

他的父亲发现，孩子的身体因为锻炼的确要比其他孩子结实得多。父亲很欣慰。

不久，孩子上六年级了，学校有了英语课。父亲又告诉孩子："要想当一个国际刑警，身体好、成绩棒还不行，至少还要学好外语，不然就无法与外国人交流。"

孩子听了父亲话说："爸爸，你放心，我不会让你失望的。"

从此以后，孩子不仅没有放弃对身体的锻炼，而且学习英文也很刻苦，成绩也不错。

这个孩子后来考进了警察学校。在警校，他不仅英文成绩名列前茅，而且还自修德文、法文、日文等三门外语，成绩也都很好。

毕业后，他如愿做了一名警察，据说在他所在市里的整个公安系统，只有他一个人会四种语言。入职后，他多次被派往国外执行任务。

一次，他从国外执行任务回来，父亲去机场接他。看着风尘仆仆的儿子，父亲意味深长地说："孩子，这一行并不是你想象的那么风光吧？"

孩子笑笑说："确实，如你所说，干这一行很危险，也很辛苦，但是我自己选定的路，我一定会坚持走下去！"父亲再一次欣慰地笑了。

孩子随后又说："而且，干这一行，我很自豪！"

在本例中，孩子的父亲一步一步将孩子引入了孩子自己的理想之中。有的父母会说："我的孩子总是不停地变换梦想，叫我们无法对孩子的梦想进行'催化'。"其实，孩子的梦想不停改变，正是孩子的梦想没有得到父母有效"催化"的结果，我们父母有一定的责任，不能全怪孩子信念不够坚定。

做孩子梦想实现的催化剂，就是要求我们父母在孩子走向通往梦想的大道上，帮助孩子规划和指导，让孩子为了梦想不懈地努力和奋斗。

正如陶行知所说的那样："给孩子一座山，让孩子自己去攀登，父母要做的就是让孩子坚持下去。"这里的"一座山"就是孩子的梦想，"让孩子坚持下去"就是要我们父母做孩子梦想实现的引导者和"催化剂"，使孩子的美梦成真。

第七章　帮助孩子改正自己的缺点

每个孩子都是一块璞玉，身上都存在着这样那样的瑕疵。这是很正常的，也是难以避免的。问题是，作为孩子的父母，我们如何去打磨、雕琢这块“璞玉”，使其成为光彩照人的“宝石”。

琢玉是场修行，精雕是门艺术。让我们每个爸爸妈妈都能用智慧和耐心，把自己略有“瑕疵”的孩子塑造成现代社会需要的、完美无缺的人才。

做一个善于引导孩子的导师

对孩子的教育是一个永恒的话题，我们每一位父母都希望自己的孩子健康成长、幸福快乐、能够学有所成。其实，教育孩子健康成长，让孩子获得幸福的法宝掌握在我们父母的手中。

美国著名教育家、哲学家威廉·詹姆斯博士曾经说过：“孩子生下来时是一张白纸，而最终这张纸是否能够被描绘成一幅精美的图画，那完全取决于他们的父母。”为此，我们父母必须努力做一个善于引导孩子人生的导师。

教育孩子，从古至今都是一个家庭最重要的事情。作为父母，我们采用何种教育方法，对孩子人生观和道德观的形成有着非常重要的影响。没有哪个父母不希望自己的孩子拥有优秀的品质和卓越的才华。

古代故事“孟母三迁”就是一个典型的例子。孟母的决定成就了孟子伟大的一生，孟母的良苦用心也成了父母育人的千古典范。古人说：“从师虽重，家教更急。”这句话的意思是说，跟着老师学习知识固然重要，但是，家庭教育比拜师学习更为急迫。此话说出了家庭教育的重要性。

也就是说，要想培养一个对社会有用的人才，引导孩子走上正确的人生道路，不能仅仅依靠在学校里的教育，更要依靠我们父母当好孩子人生最初的导师。

下面我们来看一个案例：

这年的寒假期间，小杰妈妈带着儿子小杰和女儿小茜去哈尔滨看冰雕，透明神奇的冰雪世界，令他们一家三口玩得非常开心。

晚上，冰雕被五颜六色的彩灯装饰得富丽堂皇，小杰兴奋地在冰雕中穿来跑去，一会儿还与几个年龄相当的孩子交上了朋友，其乐融融。而小杰妈妈则带着小茜静静地观看一个又一个美丽绝伦的冰雕。

突然，有个年轻女人带着一个满脸泪痕的孩子急匆匆来到小杰妈妈面前："你是这孩子妈妈吗？你这孩子竟然带着一帮孩子打我的儿子！"

那位女人把身后的小杰推到小杰妈妈面前。小杰低着头站在妈妈面前。

"小杰，你真的打人了？"小杰妈妈不知道发生了什么事。

小杰没有说话，但是小杰妈妈感受到孩子眼神中的委屈和不平。

那个女人见小杰不说话，认为小杰理屈，便大声斥责小杰妈妈没有管教好孩子，说她的儿子自己都舍不得动一指头，若她的孩子被打出个好歹，要让她赔偿损失等。

小杰妈妈见儿子不作声，也觉得儿子打人不应该，就没说什么，一直听那个女人在那里吵闹。

那个女人吵了半天，没见到回应，有些消了气，语气也慢慢温和了。

这时，小杰妈妈蹲下来，语气严厉地问儿子："小杰，你为什么打这个小朋友？"

儿子说："我也没想打架。可是他拿着一把小刀在冰雕上乱刻乱划，我说刀划了不好看，不让他划，他就偏要划，然后我们就打起来了。”

“你为什么不让他在冰雕上划呢？”小杰妈妈看了一眼那个孩子，那个孩子有些心虚地低下头。

儿子说：“老师说，我们小学生要懂得尊重别人的劳动成果。一座漂亮的冰雕做成型多不容易啊，我不允许有人破坏它！”

小杰妈妈摸摸儿子的头说道：“孩子，你的这个想法不错，但是你打人就不对了！打架是一种野蛮行为，是文明人所不齿的。希望你记住这次教训，以后要找一种更好的方法解决办法。”

听完妈妈的话，小杰委屈的脸上终于显露出笑容，但他也知道自己打人不对。

于是，他主动走到那位母亲和孩子面前鞠了一躬说：“对不起！我错了！”

那位母亲听完小杰母子的对话，意识到是自己的孩子有错在先，自己错怪人家了。

她不好意思地说：“算了，算了，我们不追究了！”

孩子打架这样的事情，如果不妥善处理好，很可能在日后造成孩子逞凶斗狠的性格，让他们以为打架是解决事情最直接也是最有效的方法，还可以满足自己的好战欲。很多男孩都以为要做英雄，首先就要会打架、敢打架，结果不是学业退步，就是之后走上了犯罪道路。

令人不解的是，有些父母竟然纵容孩子的这种不良习气，认为孩子打架是勇敢的标志。他们不知道，由于自己的默许和纵容，让孩子从此没有了任何顾忌，很可能最后走上犯罪的道路。

如果我们能够像这个故事中的小杰妈妈一样，在孩子初次显露出不良习气就及时给予制止，那么很多孩子的不好习惯就不会延续，也不会在邪路上越走越远。

教育孩子走上正确的人生之路，是我们每一个父母的责任。要想使孩子成为对社会有用的栋梁之材，就需要我们父母在各个方面对孩子进行引导。那么，我们父母应该如何引导孩子健康成长呢？

一是要善于营造良好的家庭氛围。我们父母与孩子之间关系的好坏，对孩子的成长发育有着极大的影响，甚至对他们人格的发展也能起到一定作用。因此，我们父母应该时刻和孩子保持良好的亲子关系。但必须注意，这并不是要求父母将孩子当成“小皇帝”，而是要和他们平等地相处和良好沟通。

二是多进行说服教育。说服教育不要居高临下，而要以平等的姿态、温和的语气指出孩子的错误，还要说明错误可能造成的巨大危害。我们父母要让孩子明白，有些事如果放任自流，会对其一生造成影响。

对孩子进行说服教育，尊重是前提，平等地对待孩子，他们更容易接受我们的批评。如果孩子的观点不正确，我们要用身边的事实校正他的观点，使孩子明白哪些是对，哪些是错。

三是适当进行批评和惩罚。说服教育对听话的孩子管用，对于不听话的孩子就不管用了。这时就必须采用比较严厉的措施来教育孩子。例如，可以采取批评的方式，也可以采取惩罚的方式。一般来说，批评方式比较常见；惩罚则是对有严重不良思想行为的孩子才会使用。

采取这两种方法教育孩子时，我们父母必须要弄清孩子犯错的详细情况，掌握其错误的严重程度，找到孩子犯错的思想根源，然后有的放矢地进行批评或惩罚。通过这两种方式，要使孩子感到深深的羞愧和切骨的痛楚，并产生改正错误的动力，这样才算达到目的。

我们父母应该注意的是，批评就是批评，惩罚就是惩罚，不要打骂，更不能啰啰唆唆说个不停，使孩子的心灵受到伤害。另外，惩罚不是体罚，不是皮开肉绽的酷刑，只要暂时剥夺孩子最喜爱的某种权利，让其记忆深刻，永不再犯就可以了。

总之，在对待孩子的教育问题上，有心的父母和无心的父母所收到的效果是完全不同的。正确有序的方法和杂乱无章的方法，更是有着明显的差别。

我们父母要切记：教育不只是情感释放，而是一门科学，它不能靠短暂的感情来支撑，而必须靠长时间细腻的沟通、有理有据的说服、身体力行的实践才能奏效。

理性对待孩子的“破坏”

新奇是我们的孩子探索世界的最大动力，孩子们的宣言就是：我们要掌握全世界的秘密。无论在哪一个家庭，只要有孩子的地方，就有一双双求知的眼睛，他们要检查他们还弄不明白的所有东西。

于是，家庭的每个角落都成为他们的“战场”：家里刚收到的报纸被他们撕成一条一缕的废纸，雪白的墙壁被他们画上五颜六色的线条，上千元的遥控汽车被拆得只剩一个轮子，笔记本电脑的显示屏摔得四分五裂……

面对不期而至的“破坏”，父母们只有苦笑，因为孩子的“破坏”其实是一种探索知识的举动，而不是什么坏事情，只不过它们总是伴随着一些其他的结果。请看下面的案例：

一个孩子的母亲，因为要做家务，便把家里的一块金表给孩子玩。谁知，当她做完家务来看孩子时，孩子已经把金表摆弄坏了，她生气地把孩子狠狠地打了一顿。

第二天，这位母亲遇到孩子的老师，还气愤地把这件事情告诉了老师，说孩子怎么怎么调皮。

不料这位老师听了她的话，却摇摇头说：“你打错了！你这一顿打，把一个未来的发明家打没了。孩子喜欢动手，是因为他有求知的欲望。你这样一打，恐怕以后他再也不敢自己动手去探索不懂的东西了。”

老师的话使这位母亲后悔不迭：“那我该怎么办？还有补救的方法吗？”

老师接着说道，“当然有。首先你要向孩子认错。说你打错了。然后，你带孩子把金表送到钟表铺，让孩子看着修表师傅把表修好。这样，孩子的好奇心得到了满足，他也学到了钟表的知识。更重要的是，他可以保持这种探索精神，将来成为一个对社会有用的人才。”

这只是发生在半个世纪以前的一个有趣故事。但是，以下情况可能就在你家里发生过：

刚给孩子买的变形金刚，可还没玩两天就已经被孩子拆成一堆零件了。

奥特曼的胳膊和腿残缺全，怎么站都站不起来。

美丽的白雪公主本来穿着漂亮的裙子，孩子却给她套了个外套；七个小矮人有三个已经不知道哪去了。

直升机的螺旋桨再也不起作用。

电动小汽车的遥控器也摔坏了。

漂亮的小姐姐被画上两道八字胡。

高大的恐龙两条长腿被折断了……

小孩爱折腾是他们的天性决定的，这是孩子创造力的一种另类表现形式。涉世不久的孩子大脑是一张白纸，他们对这个世界充满了好奇，并身体力行，想用自己的双手来探求这个未知世界。

因此，教育专家提醒我们每个父母，千万不要粗暴地干涉孩子的探索欲。

好奇是孩子探索的动力，在他们稚嫩的头脑中只有一个想法，那就是想知道眼里所看到的一切秘密。他们要拆卸所有他们看不明白的东西，他们要把心爱的玩具变成自己喜欢的样子……

于是，他们开始进行自己的研究，图画书被拆开了，钟表解体了，电脑也变得面目全非……

面对惨不忍睹的“犯罪”现场，我们父母的第一反应往往是生气，接着就是训斥孩子，很少有父母会思考一下，孩子为什么会这样做，能够鼓励孩子的父母更是少之又少。

但是，作为父母，我们必须要理性对待孩子的“破坏”，更不能用打骂、训斥的方式去吓唬孩子。这类孩子的心理很复杂，有多种类型，一般说来，爱折腾的孩子主要有以下几种类型：

第一种是好心办了坏事。很多孩子为了表现自己，就想帮爸爸妈妈做些“能做”的事情，没想到却帮了倒忙。遇到这种情况，我们父母首先要表扬孩子爱思考、爱劳动的精神，然后告诉他们由于没有经验，结果办了错事。

比如，有的孩子想修理不走了的钟表，他们不知道上一下发条钟表就会继续转动，而是拆开来；天气冷了，孩子怕金鱼冻死，就把金鱼全捞上来放在被子里……

遇到这种情况，我们父母首先要表扬孩子，说他们的想法不错，然后再说明为什么他们好心办了错事。教育孩子遇到不懂的事先问父母，知道怎么做了再动手，有些做不了的事还可以等长大以后再去做。

第二种是对看到的东西觉得有趣。孩子看到新鲜的事物，往往十分感兴趣，便想动手看一看或者做一做。殊不知，他们动手可能会损坏东西。例如，把妈妈买的新图书撕下来折成玩具，在白色的墙上画一只大公鸡……

这时，如果我们父母粗暴地干涉，就容易扼杀孩子的好奇心和创造天分。正确的做法是肯定孩子的探索行为，引导孩子用正确的方法做他想做的事。例如找出同样色彩鲜艳的纸让孩子折玩具，拿出画板让孩子随便涂画……

事后还可以告诉孩子不让他们撕书或者在墙上涂画的原因，要使孩子认识到这样做的后果。只要动之以情，晓之以理，相信孩子会理解我们父母的做法的。

第三种是故意赌气。因为父母的过度溺爱，如今的一些孩子成了家中的“小霸王”“小将军”，稍微情绪不好，就会和大人乱发脾气，乱丢东西。

对于这种毫无道理的做法，身为父母的我们应该坚决制止，决不可以退让纵容，既要对他们的错误行为进行严厉的制止和批评，又要让他们明白随意破坏东西要承担一定的后果。

例如，对于随便摔坏玩具的孩子，暂时不给他买新玩具；乱撕画册不听劝的，短时间内不买他爱吃的零食；摔坏手机的孩子，暂时不让他玩游戏；等等。孩子受到一定的惩罚，以后就不会再由着性子乱来了。

第四种是对于个人需求的渴望。如今很多被过度宠爱的孩子，一旦提出的要求被父母劝阻和拒绝，就会撒泼打滚，迫使父母“屈服”，答应他们的不合理要求和条件。

想要预防这种情况的产生，我们父母首先要做的是对孩子的合理要求给予满足。

如果父母不能够满足孩子的需要，就要讲明不能满足他的原因，并和孩子进行沟通，取得他的谅解。而对于孩子萌生出的一些不良思想和做法，要及时给予制止，并教会他们如何正确地对待此事。

总之，孩子的很多“破坏”行为，都可能是他们创造力萌发的最初表现。孩子睁大天真无邪的双眼，对生活中的各类事物充满了好奇和兴趣，他们拆卸自己的玩具，摔打手里的铃铛，这些被我们定义为“破坏”的动作，恰恰是他们对于未知的一种探索。

身为父母的我们，应该对孩子展现出的这种探究能力，进行系统的引导、鼓励和支持，这有利于提高孩子的思维能力和动手能力，培养孩子对事物的浓厚求知欲，还能对他们日后的学习和生活起到良好的推进作用。

注重培养孩子的反思能力

我国古代教育家孔子的弟子曾子曾经有一句名言："吾日三省吾身。"这里的"省"，就是人对自己所作所为进行的一种自我反思。人只有从反思中总结成功的经验，才能吸取失败的教训。

在现代的时代潮流冲击下，社会的发展越来越多元化，越来越不那么单一。随着社会的不断变革，越来越多的人开始提倡学生主动学习，并要求学生逐渐养成反思的良好习惯。这种反思不仅是指对学习的反思，而且包括对自己的行为的反省和总结。

我们父母应该紧跟时代潮流，让孩子学会反思，对他们的学习和生活进行自我监控。

对于孩子来讲，注重反思能力的培养尤其重要，因为反思不仅能促进孩子对自己的努力程度和学习成效的思考，还能使其学会为自己的做事成效承担责任，成为有正确判断能力的人。

不仅如此，培养孩子对自己不当行为的自我反思，对他们学会关心、理解、合作等社会行为有很大的帮助，能够为今后的人际关系与交往打下牢固的基础。让我们来看下面一个小故事：

列宁小时候特别好动，有一次妈妈带他去姑妈家做客，他一不小心把姑妈家的一只花瓶给打碎了。当时没有人发现这件事。

姑妈很快发现了打碎的花瓶，便问："是谁打碎了这个花瓶？”

孩子们叽叽喳喳地回答说：“不是我。”

列宁害怕在众人面前受惩罚，加上当时没人看见他打碎花瓶，也违心地说：“不是我。”但是，他的声音低到只能他自己听到。

妈妈看到列宁这个不自然的举动，就断定这个花瓶肯定是小列宁打碎的，因为她知道列宁从小就爱动。

怎样对待列宁的错上加错呢？是当场揭穿他还是选择原谅隐瞒？列宁的妈妈考虑再三，觉得应该了解儿子是否意识到自己犯错了，对自己事后不诚实的行为有无认识。更重要的是，她想引导孩子养成自我反思的好习惯。于是，她决定不当场指出花瓶是列宁打碎的。

从姑妈家回来已将近三个月了。在这三个月里，妈妈和列宁谁都没有再提及此事。妈妈表面上很沉默，她其实一直都在等待列宁自己发现自己的错误，并敢于承认自己的错误。

真是“知子莫若母”，果然，妈妈的沉默让列宁深深地感觉到了自己的错误，他一直都在要不要告诉妈妈并承认错误的边缘徘徊。

有一天临睡前，妈妈和往常一样走到他的床前，摸了摸他的头，还是没有说话。就在妈妈准备转身要走时，列宁终于受不了心灵的谴责，突然大声哭了起来。

他大声对母亲说：“妈妈，我说谎了！我骗了阿尼亚姑妈，花瓶是我打碎的，是我打碎的！”看到儿子经历过心灵的折磨和反思后，能够勇敢地承认错误，母亲也露出了欣慰的笑容。

她安慰儿子说：“你能承认错误就是好孩子，做一个诚实的孩子吧。放心吧，我会给阿尼亚姑妈写信的，姑妈知道你承认了错误，一定会原谅你的。”

从这个事例中，我们不难看出，引导孩子自我反思就是父母发现孩子犯了错误后，不在大庭广众中指责孩子犯错误的事实真相，也不急于对孩子进行现场说服教育，而是选择“冷处理”的延迟处置方式，把这件事情暂时放在一边待后处理。

在随后的相处中，我们父母在对待孩子的态度上应该表现出旁敲侧击、沉默静候的状态，让孩子通过父母对自己的态度意识到自己错误的行为隐瞒不下去，父母的沉默只是为了让孩子自己主动认识错误而已。这样，孩子在经过反复的思想斗争后，往往能够主动承认错误。

孔子说：“学而不思则罔，思而不学则殆。”只有将学与思和谐地统一起来，才能在学习上起到事半功倍的效果。

学前有思，思后有学，学后也要思，经过这样一个循环往复的汲取知识的过程，才能把课本上的理论知识和头脑中的社会实践知识相结合，把它们纳入自己的知识架构之中，并逐步转化成自己需要的东西。

我们父母还可以鼓励孩子养成写日记的习惯，让孩子在日记中时时反思自己：为什么自己的生活没有规律？为什么自己不喜欢交往？为什么自己老是爱挑别人的毛病？为什么自己不喜欢学习？为什么自己不愿意写作业？……这种自我反思会让孩子找到症结所在，产生改正缺点的动力和决心。

培养孩子的自我反思能力已成为每一位父母都很关注的问题，在教育培养时，我们父母不妨借鉴以下几点：

首先，对犯错误的孩子不横加指责。当孩子做错事时，我们父母应该先安抚孩子的情绪，找到犯错的原因，从而引导孩子少犯错误。过分地指责和打骂，只能引起孩子的反感，进而产生抗拒情绪，这种做法也会使孩子的心灵受到伤害。

其次，犯错误的孩子必须自己承担后果。现实生活中，我们父母在孩子犯错后，对本应孩子承担的责任大包大揽，这样做的结果是让孩子觉得以后做错了事也没什么大不了的，有父母为其擦屁股，从而失去责任心，不利于培养孩子的自我反思、自我承担的能力。

我们父母应该让孩子深刻地体会到，自己的错误行为将会造成不可挽回的甚至是不可弥补的严重后果。必须自己承担做错事的后果。

再次，重视负面道德情感的作用。在平时生活中，我们父母要多给孩子灌输助人为乐、勇敢坚强、正直善良等正面道德情感，塑造其阳光美好的思想情操。同时也要让孩子深刻地体验羞愧羞耻、内疚自责等负面道德情感，从而远离负面影响。这种对比会使孩子受益匪浅。

负面道德情感与正面道德情感对比体验，更能在孩子的心灵深处留下印记，促使他们不断地自我反省，区分好坏对错、是非曲直、美好与丑陋等，及时改正错误，回归理性思维。

总之，当孩子犯了错误时，我们父母应该让他们懂得善良与邪恶、美好与丑恶之间的区别，让他知道羞愧和内疚，进而获得一种辨别是非的能力。如果孩子具备了这种自我反思的能力，并能够时时自我反省，那么，在孩子以后的成长路上就会少犯甚至不犯类似的错误了。

让孩子反思自己的过失

在我们的生活中，从来就不存在完美无缺的人，只要是人，都会有着或多或少的缺点。那些能够看清自己缺点并加以改正的人，才能够不断地弥补自己的缺陷，完善自身的不足。

一个狂妄无知、自作聪明的人，永远都是在一条错误的路上徘徊，他们从来不会反省自己的错误，也不懂得通过反思不足之处找到正确的路径，最终的结果只能是一直错下去，什么也得不到。

而从孩子的视角来看，经常反省自己是一种非常好的习惯。身为一个关爱孩子的好父母，我们应该让孩子了解到自身的优缺点，时刻反省自己的不足之处，并帮助他们努力地弥补这些缺陷。这样，孩子的缺点就会不断减少，优点就会日益增加。

学龄前是孩子犯错误最多的一个时期，这时候的他们没有接受过系统化的教育，既天真又无知，对事物也缺乏直观的概念，做不到如成年人一样约束自己的行动。此时的父母，就需要用一颗包容的心来对待孩子的过错。

若是孩子在无意中做错了事情，父母就去斥责、惩罚他们，将不利于孩子以后的成长。如果孩子犯错后，我们父母能采取温和的态度进行对待，反而能够让孩子认识到自己的过错，吸取其中的经验，以后杜绝此类错误的发生。

一位科学家在晚年，被问到成功的秘诀时，他讲了一段幼年时的记忆。

有一天，我打开冰箱拿牛奶，哪知手一滑，奶瓶掉到地上，牛奶洒了一地。

妈妈看了，并没有责怪我，只是对我说："好久没看过这么大的牛奶坑了，你一定很想玩，给你十分钟好好玩一下。"

我尽情地围着牛奶坑玩了十分钟。之后，妈妈说："犯错并没有关系，但是，我们要去面对它，承担后果。这儿有抹布、吸水棉和拖把，现在任你挑一样，然后我们一起把地板清理干净。"

等地板清理好了，妈妈又说："刚才你的奶瓶没能拿好，可能是方法不对。现在让我们来找出问题的症结，下一次，你就不会把牛奶洒一地了。"

妈妈把奶瓶装满了水，我就一次又一次地练习，终于领会了拿稳奶瓶的诀窍。

在整个过程中，我认识到犯错并不可耻，重要的是要能接受事实，反思为什么犯错，更进一步找出可行方法，避免再犯同样的错误。

这个观念在我长大后做实验失败时屡次给我启示，使我永远不会气馁，反而把失败当作下一次成功的希望。

这位妈妈处事的智慧，令人佩服。她把孩子犯错，变成教育的机会，使孩子终身受益。但在当下，我们很多父母的做法常常是气急败坏地把孩子骂一顿，而忘记了犯错同样可以让孩子学习到宝贵的经验。

我们父母往往教育孩子不要怕犯错，但是当孩子真的犯了错误时，我们却只会把孩子大骂一顿或是处罚了事，这种做法是极其错误的。这种简单粗暴的做法，只会使孩子以后缺乏犯错误的勇气，从而导致畏首畏尾，什么也不想做、不敢碰，最后变得胆小怕事、懦弱自私。

相反地，如果孩子犯了错，我们父母不是急于去处罚和责怪孩子，而是用正面的态度去引导和启发，让孩子学会反思纠正错误的方法，这样孩子获得的，就是不怕犯错的勇气。

有了这样的经验教训，未来孩子在碰到学习瓶颈或困境时，就能够用正确的态度坦然面对。他会对自己说："我可以试，我可以想办法解决。"而不是一碰到问题，想都不想就以"我不会"一句话，把问题推给父母或老师。

从孩子成长的角度来看，犯错是学习过程中的常态。我们父母对孩子的犯错行为要有一种宽容的态度，把犯错当作孩子学习过程中的自然现象，去包容孩子的错误。

而孩子从我们父母的包容中，可以学到不怕犯错、敢于犯错的精神，积累碰到问题时解决问题、增长知识、增长见识的经验。这会是他一辈子最宝贵的资产。

我们父母，要教会孩子勇敢地正视自己的缺点，改正自己的缺陷，弥补自己的不足，从而挖掘出自身的潜能，提高自我的能力，这也是孩子取得进步的关键。

切不可为了孩子所谓的面子，在明知道是错的情况下，还一味地包庇、纵容，为他隐瞒。那样只能帮得了他一时，却帮不了他一世。这种逃避责任的做法，只会是害了他，让他一错再错。那么，我们父母又该如何去帮助孩子反思自己的过错呢？

首先，要让孩子学会接受批评。被别人批评和指责的滋味，相信每个人都体会过，也是所有人都厌恶的，但是有些批评我们必须接受，因为那是自己种下的恶果。身为父母，我们必须要让孩子明白“自己种下什么样的因，就会结出什么样的果”。只有明白了这个道理，孩子长大后遇到来自生活中的各种批评，才能去勇敢积极地面对，而不是选择逃避和消极对待。

其次，在孩子犯错的时候，父母千万要克制自己的情绪，切不可轻易地发火，要给孩子一个冷静的机会，让他们思考自己犯错的原因，以及错误带来的种种后果和不良影响，从而减少他们犯错的概率。

再次，让孩子对自己的错误进行反思。这个过程中，父母不可过度地进行斥责。如此，能够让孩子更快地冷静下来，找到自己这次行为的不当之处，在以后遇到类似的情况时，他们会更加注意和小心。

我们父母需要明白，孩子取得的那些荣誉和掌声，并不是一蹴而就的，他们是伴随着一个个错误的改正，逐渐进步、成长起来的。

身为父母，我们应该多站在孩子的角度考虑问题，多给予他们一些宽容和鼓励。对于他们的错误，我们要预留给他们改正的空间，要引领他们寻找到错误的根源。

英国著名戏剧家莎士比亚曾经说过：“最好的好人，都是犯过错误的过来人；一个人往往因为有一点小小的缺点，将来会变得更好。”

总之，犯错误是每一个人都不可避免的，甚至是我们一辈子都在经历的过程。犯错并不可怕，可怕的是犯错后不知悔改，找不到弥补的机会。因此，对于犯错的孩子，我们父母要给予谅解，并教会他们反思“错误”，改正“错误”，如此，才能够逐渐减少错误，走向成熟，迈向成功。

纠正孩子缺点的正确方法

我们的每个孩子都有自己的优缺点，在日常生活中，孩子们都希望父母看到他们最优秀的一面，肯定他们取得的成绩，并对他们的行为给予赞扬，最好还能对他们的缺点避而不谈。

但是，教育却不能仅仅只有赞扬和肯定，我们父母必须要教会孩子去正确地看待身上的优缺点。我们要让孩子明白，有些优点固然值得大家去夸赞和发扬，但是，有一些缺点也不能视而不见，或者故意遮掩而不去加以改正。

孩子就如同阳光下那一株幼嫩的新苗，只有在合适时候为他施肥、浇水、驱虫、修剪枝叶，他们才能够健康快乐地长大。

锋锋今年上小学三年级，妈妈发现他有些不好的表现，就是做了错事不肯承认。

例如：没有记住老师布置的作业，妈妈说他思想不集中，他说课堂上太吵了，听不清。有时候弄丢了同学的东西，他说是人家的东西不好……总之，在他心里就没有自己错的时候，总是别人的不对。

在生活中，常有一些执拗的孩子在做错事后，拒不承认，总会找着各种借口开脱，父母拿他们也是无可奈何。其实这是因为孩子的心理智力和身体机能还没有发育完善，讲错话、做错事都是情有可原的。这就需要我们父母帮助孩子，认识错误的原因，找到错误的症结所在，进而改正这些错误。

面对这些频频犯错的孩子，我们父母需有相当的耐心，对孩子的这些问题进行深度剖析，让他们明白这些错误对自己造成的影响和危害，从而养成对待事物的责任心。一般说来，孩子犯错又不肯承认的原因无外乎以下几点：

一是孩子不认为自己做的事情是错误的。如一些只有四五岁的孩童，常会把衣服穿反了，衣扣扣错位了等。稍微大一点儿的孩子，更是活泼、好动，有时会把衣扣弄掉、衣服刮破，或者为了一探究竟而把新买的玩具都拆解了……这些都是孩子的生理和心理特点不够成熟造成的。在他们的思想意识里，还没有形成一个正确的对错概念。

二是有些孩子个性固执、偏激，不肯承认错误。这样的孩子往往以自我为中心，认为认错是一件很丢脸的事情，因此就算明知道自己错了，也会“死鸭子嘴硬”，决不承认。

三是家庭中父母的教育过于简单、粗暴。在一些家庭中，孩子一旦犯错，父母就非打即骂，这让孩子产生了一种惧怕感，做错了事情往往会惊恐万分，怕父母暴怒，怕自己挨打受罚，因此总会编出各种谎话和理由来掩饰这些错误。

四是一些孩子缺乏认错的意识和习惯，这也与许多家庭中父母的教育有关。例如：一个只有三岁的小女孩，在玩闹的时候被一只小板凳给绊倒了，大哭起来。这时小女孩的妈妈赶紧跑到她身前，抱着小女孩一边安慰，一边说：“小宝贝不哭，都是小凳子坏，小凳子该打，看妈妈帮你打它。”正是因为这种不分缘由的教育方式，剥夺了孩子自己承担责任的机会。于是，便养成了孩子做错事情也不认为自己有错的思想，更不用说去承担过失了。

是人就会犯下错误，然而敢于承认错误，并且承担责任的人却很少。大人尚且如此，何况一些懵懂的孩童呢？

“人非圣贤，孰能无过”，任何人都免不了犯下错误，最重要的是要能够改过。如果人人都能做到知错认错，而后改错、承担责任，那么，就可以让这种优良的道德品质发扬光大。

在对待孩子犯错不肯承认的问题上，我们父母需要具体分析，找出个中原因，在了解孩子的基础上，总结出最正确的教育方案，引导孩子敢于承认过错，承担责任，改正缺点。以下几种方法可供父母们参考：

一是要以宽容的态度对待孩子。孩子的缺点不是与生俱来的，而是后天形成的，我们父母也有着教育不当的责任。因此，孩子犯错时，我们要以宽容的心态，来帮助犯错的孩子改正他们的缺点，要耐心地指出他们犯错的原因。

有些孩子的错误会一犯再犯，这时，我们父母切不可对其抱有偏见，认为孩子不如人，认为他“朽木难雕”。因为孩子的内心是敏感的，父母只要表现出这种态度，就会被孩子捕捉到，就会伤害到他们脆弱的内心，这不仅不利于孩子改正错误，还会严重影响孩子未来的身心发展和成长。

身为父母，不要在心理上给孩子过多压力。虽然孩子表面看起来纯真可爱、乐观开朗，但是却也能和我们一样，感受到环境或者别人给予的心理压力，这种压力不利于帮助孩子认识错误、改正错误，因此要尽可能避免增加孩子的各种心理负担。

二是对于知错能改的孩子要给予及时表扬和肯定。孩子在认识到自己的错误后，我们父母首先要对他认错的态度给予肯定和表扬。这样他以后犯错了会积极承认错误，不会因担心承认错误受到惩罚而选择隐瞒和欺骗。然后我们父母需要帮助孩子分析错误形成的原因，告诉孩子这些错误会造成的不良后果，让他们从中吸取教训，总结经验，当孩子再遇到这样的问题时，就能够从容应对了。

对于那些做错事敢于承认的孩子，我们父母应该给予适当的奖励。如今许多父母只在孩子有“精彩”表现的时候，才会给予嘉奖，殊不知，勇于承认错误更是一种极为难得的品质。要知道，从错误中吸取到经验和教训更能促进一个孩子的成长。一些聪明的父母，能够让孩子在错误中看到自己的不足而努力改正，体会到弥补错误后获得成功的满足感。

三是要培养孩子的责任心。对于孩子责任心的培养，要越早越好。比如：孩子之间出现摩擦时，我们父母切不可不分青红皂白，就急着上前偏袒孩子，而应先弄清事情状况；孩子不小心摔倒了，我们最应该做的不是抱怨地面不平，而是应该教会孩子走路需要小心。作为父母，应该给孩子灌输这样一个理念：每一个生活在世上的人，都有其需要承担的责任和义务。

四是要学会适当维护孩子的面子。每一个孩子都有着极强的自尊心，每当他们犯了错误时，宁愿在家中被父母教育，也不愿意被外人知道。然而有些父母却把孩子的这种心理当作管教孩子的制胜法宝，他们常会说：“再不听话，就把你犯的事情告诉你的同学和老师。”殊不知，这会使孩子对父母产生恐惧和不信任感，其后果是极为严重的。

五是不可纵容，有错要罚。我们父母应该给孩子树立这样一个观念：犯下错误，就要受到惩罚，不论是有意还是无意，都要承担自己的责任。比如：孩子在玩闹的时候，摔碎了一个玻璃茶杯，虽然这不是他有意而为，但是身为父母应该明确地告诉他，这是他的过错导致的。孩子虽然没有想到自己的行为会有这样的结果，但是必须要承担起责任，赔偿损失。

但是，父母也要让孩子有这样一个认知：在孩子犯错后，能够勇于承担责任，并接受惩罚，父母可以适当地减轻惩罚。而如果孩子犯错后，还隐瞒事实或者逃避责任，就要加重对他的惩罚。这样做可以使孩子养成诚实、负责的良好品德。

在进行惩罚的时候，我们父母一定要狠下心，坚持到底，绝对不能够半途而废，必须让孩子形成一个固有的是非观念：做错事就必须接受惩罚。这时，就算孩子央求，也要硬起心肠，不然先前的一切努力都会白费，父母也会丧失威信，以后再想处罚孩子将会难上加难。

总之，孩子做错事，父母首先需要的是保持冷静，进而分析孩子做错事的因素有哪些，要抱有一种“知错能改，善莫大焉”的处事原则。但是对一些道德行为上的错误，我们父母则是要坚决给予否定和批评，决不能马虎应对，这样可以增强孩子的道德修养，提升他们明辨是非的能力，以后便会少犯错甚至不犯错。

将孩子的缺点转化为财富

作为父母，我们应该认识到这样一个道理：一些错误的经历不应该成为孩子的负担，而应该成为他们人生中最宝贵的财富。孩子成长过程中不可能一帆风顺，也不可能事事让父母顺心，他们是在一次次的犯错中得到教训、吸取经验、战胜缺点，从而逐渐走向成熟，成为我们父母眼中的骄傲的。

我们父母需要做的就是帮助孩子在这些失败的经历中，获得正确的认识，从失败中吸取教训，如此才能让我们的孩子健康茁壮地成长。

一些年轻父母都有这样的体会，即使孩子很听话、很安静地在自己身旁不远处玩耍，在心底还是会担心他们突然情绪失控，进行一些危险的行为，或是做出让我们猝不及防的举动。

当然，这也是人之常情，毕竟孩子年龄小，本就处于多动的时期，要想让他们按照父母的意愿，一直做一个乖宝宝，显然是不现实的。孩子有自己的情绪，他们的思想总是天马行空，他们总想着做出一些意想不到的事情来引起父母的注意，让爸爸妈妈们大吃一惊。在这个过程中，孩子会经常犯错，会让我们头痛不已。

但是，身为父母，我们必须要学会去面对现实，去接受他们所犯的错误，因此，如何对待孩子犯错，孩子犯错的目的是什么，如何让孩子学会自我反省，都是值得我们每一个父母去关注和深思的问题。

对待这个问题，有很多父母认为，要严格管束，才能约束住这些“无法无天”的孩子，才能让他们停止犯错，毕竟古人说的“棍棒之下出孝子”这句话还是很有些道理的。只是，这种让孩子因为惧怕“父母”而听话的方法，真的能教育好孩子吗？真的能让孩子心甘情愿地服从吗？

这里，我们不禁要问问一些施行这种方法的父母，他能够管得住孩子一时，能管得一世吗？随着孩子渐渐长大，逆反心理也越来越严重，这种“棍棒教子”的方法，只会让孩子最终形成两种极端：一种是让孩子畏惧一切，没有勇气反抗，对待任何事情都唯唯诺诺；另一种是彻底叛逆，生出愤恨，性格扭曲，甚至走上自我毁灭的道路。扪心自问，难道这就是我们父母想要看到的吗？

或许，有人会说古代的教育都是这样的，为什么能把孩子教得那么好呢？这时我们就应该明白，那是古代，那是一个唯“父母之命”是从的时代，而不是如今这个人人平等、思想开放的时代，有些方法是不能够在现代采用的。

我们父母需要明白，合适的方法才能造就成功的孩子。我们需要的是让孩子敬爱我们，和我们成为无话不谈的知心朋友，而不是惧怕我们，时刻提防着我们，最终形同陌路。

孩子或许会因为父母的权威而停止犯错，但这只能起到一时的效果，长期下去，只会妨碍孩子的发展。身为父母，我们更应该为孩子长久的切身利益而考虑。

我们父母应用耐心和细心教会孩子，让他们在自发或自觉中，尽可能地少犯错误或是及时改正错误，让他们成为一些规则的遵守者，这样，才能让孩子产生自律和责任心。

当孩子逐渐长大的时候，他们在生活上、人格上便有了趋于独立的迹象，这时的孩子已经明白了属于自己的权益，一些不当的处罚只会让他们自卫和抵触，或是敷衍应对。就算是一些幼小的孩童，也都有这种心理特征，只是表现得不够清晰而已。

小畅是一个已经上小学的6岁小男孩，有一天，他在喝果汁时，不小心把果汁洒在了桌上，顿时觉得很有意思，就用手指蘸着果汁在桌上写写画画起来。

这时，他的妈妈走过来，不分对错，就在儿子的手心上打了几下，并大声训斥道："你这个调皮蛋，怎么可以这么乱来呢？"

有一天，小畅在喝果汁时，无意间又洒了些在桌子上，他本想把洒的果汁擦掉，可是用手擦时，不仅没有擦干净，反而连衣袖都弄得脏脏的。

妈妈看见了，又是上前在小畅的手心里打了几下，并很生气地说道："上次我就告诉你，不可以这样做，你这是要和我对着来吗？是不是觉得上次打轻了？"

小畅心中很是委屈，眼泪不由自主地掉落下来。妈妈见到儿子做错事情还有脸哭，又厉声道："事情做错了，就知道哭，是不是又想挨打了？"

小畅这时止住了哭声，然后拿起还没有喝完的果汁，全都倒在了桌子上，还用手在桌子上胡乱抹擦，把桌子上弄得更是脏乱不堪。站在一旁的妈妈，被这突来的一幕弄得傻眼了，一时间不知怎样才好。

孩子犯下错误，都有其原因。这位妈妈在没有了解事情缘由的情况下，就武断地下结论，惩罚孩子，这无疑给了孩子一种自己不被重视的感觉，最后导致了孩子萌生出强烈的反抗意识，以错上加错这种方式来向妈妈示威抗议。

在这里，我们需要明白，世界上本就没有从来不犯错误的完人，我们父母尚且都有犯错的时候，更何况是一个心智还不健全的孩子呢？孩子在犯下错误的时候，作为父母，首先应该冷静地面对，而不是冲动地非打即骂，做出令自己后悔的事情。下面这个故事，很值得父母们来品味一番。

有一个家庭中有两个聪明伶俐的儿子，一个5岁，一个7岁。有一天，爸爸正教7岁的儿子如何修剪草坪，当教到怎么修剪更好看时，被妈妈喊去商量一些事情。

就在夫妻俩商量问题的时候，调皮的儿子却自己开始修剪起来，并充分地利用了刚刚从爸爸这儿学到的技巧。在把一块草坪修剪平整后，他看到前面的花圃不够整齐，就跑过开始修剪花圃中的花朵了，一朵朵美丽的鲜花在他的手中凋零。

夫妻二人这时已经交谈完毕，当爸爸回来看到面前的情况时，顿时愤怒异常，情绪都有些把持不住了，要知道，这个花圃可是花费了他大量精力和时间，才有了如今这番让邻居们都艳羡的模样。然而就在这短短的几分钟里，被自己调皮的儿子彻底摧毁了，这怎能令他不心痛、不生气呢？

“臭小子，你看你都干了些什么？”爸爸终于还是克制不住情绪，怒吼起来，正在他还要继续呵斥儿子的时候，妻子来到他身边，拍着他的肩膀道：“不能发脾气，我们是在养小孩子，而不是在养花。”

这位妈妈的话应该给我们父母以很大的启示：是啊，花虽美丽，可以装饰我们的生活，但是孩子却是父母爱情的结晶啊，孰轻孰重，不言自明。但是有些父母却总是在不经意间犯这样的错误，在生气时失去本该有的冷静和包容。

作为父母，我们可以再进一步去思考，那些被孩子弄破的衣服，打坏的碗碟，打翻的果汁，还有那些已经被毁掉的美丽花朵，它们都已经成了既定的事实，再怎么生气也无法挽回，那么，继续用愤怒的情绪和不善的态度去打骂孩子，又能够起到什么样的作用呢？

这样，既不能让毁坏的东西恢复原样，还会伤害到孩子稚嫩的心灵。我们父母应该明确一个观点，那就是孩子的自尊，比那些他们已经破坏的东西重要得多。

我们应该明白，是人就会犯错，更何况是孩子。孩子犯错时，我们父母就有必要给他们改正错误的机会。每一个孩子都是在不停地犯错、知错和改错的过程中，逐渐成长起来的。我们父母需要做的，是去和孩子进行友好的沟通，让他们改掉自己的错误。这样，孩子也会体谅父母，也愿意改正错误。这世间，唯一割舍不掉的，还是父母和孩子之间的亲情啊！

因此，请所有的父母都记住“我们是在养小孩子，而不是在养花”这句话！在对待孩子的错误时，也希望所有的父母都能够多一分耐心，多一分理解，多一分宽容。要想成为孩子心目中的好父母，在面对孩子犯错时，切记要注意以下几点：

一是以宽容之心对待孩子。当孩子犯错时，作为父母，要用宽容的心去理解孩子，让他们了解这次犯错的原因和改错的方法，这不仅会减少孩子犯错的概率，还有利于培养他们有主见、有责任心、有勇气等多种优秀的品质。

二是面对孩子的错误时要冷静。孩子犯错后，我们父母千万不能不分青红皂白就大发脾气，首先应该平复自己的情绪，以一种相对温和的态度和孩子进行友善的交流，引导孩子自己去认识错误、正视错误，从而改正错误，最后学会如何规避同样的错误。

三是不可以随意打骂孩子。即使孩子又犯了同上次一样的错误，我们父母也不能因此而否定孩子、打骂孩子，反而更要去和孩子进行深层次的沟通，找寻他们屡次犯同一个错误的症结，然后再对照一下自己的教育方法，看看是不是也有自己教导不当的问题。

四是引导孩子少犯错。我们父母可以把一些简单的事情交给孩子去做，在这个过程中教会他们做事的顺序和方法。这样，可以让孩子在做同样的事情时少犯错甚至不犯错。另外，这还锻炼了孩子的动手能力，可谓是一举两得。

总之，想要让孩子健康、快乐地成长，我们父母必须报以足够的耐心来进行教导，只有走入孩子的内心，真正地了解他们，才能让孩子对我们敞开心扉，才能够让孩子牢记我们的教诲，改正错误，并把这些曾经的错误，都变为他们成功路上最宝贵的财富。

第八章　培养孩子的独立生活能力

现代家庭的孩子从小过着衣来伸手、饭来张口的生活，许多事情由父母包办。在这样的环境中，孩子免不了失去独立生活能力，这对孩子未来参与社会竞争是十分不利的。

我们父母应该采取多种措施，培养孩子的独立个性和自立能力，以适应社会的发展，应对时代的挑战。千万不要把孩子培养成一棵经不起风吹雨打的小草！

不要过度干预孩子的活动

我们父母在帮助孩子成长的过程中，不可过度地干涉和支配孩子的活动，应当给孩子充分的自由和自主选择的空间。我们父母的主要责任是为“幼苗”培土、浇水以及除草，而不是过多地摆弄“幼苗”，更不可以代替“幼苗”去生长。

孩子的成长和植物的生长一样，最佳的方法就是遵循自然界的规律。我们父母不需要每一分每一秒都守护在孩子身旁，监督他们的一举一动。身为父母，我们只需要给孩子提供合适的环境或目标，孩子就能够自己去探索、发现，去体会其中的乐趣。

如果我们父母过多介入孩子的生活，干涉他们的自主行为，久而久之，孩子就会形成一种依赖感，从而让他们变得不自信，失去自主能力。这种对大人的强烈依存感，会使孩子失去适应新环境的能力，变得无所适从，更不用说在未来人生中成就一番属于自己的事业了。

在日常生活中，我们父母决不能替孩子包揽一切。这会让孩子丧失生活自理能力，对孩子独立性、自主性和自信心的形成也是极为不利的。早上准时起床，自己穿衣洗漱，按时上下学等基本生活自理能力，有利于孩子自信心、自主性和独立性的养成。

在许多父母的思想中，有这样一种错误认知，他们认为日常生活里的一些小事，自己做就可以了，不需要孩子动手，孩子大了这些自然就会了。殊不知，这样的做法，无疑是在消除孩子的自信心和独立人格。长此下去，还会在孩子的心灵中埋下一颗懒惰的种子，让孩子养成一种懒散度日、事事依靠父母的恶习。

有一个13岁的孩子，以602分的好成绩考入了湘潭大学物理系，他也是当时湖南省年龄最小的大学生。17岁时，他又考上了中科院的硕博连读研究生。

他的妈妈为此非常骄傲。为了让孩子专心学习，家里的任何事情妈妈都不让他做。妈妈给他端饭、洗衣、洗脸、洗澡，甚至为了能够让他在吃饭时不耽误看书学习，上高中了还亲自喂他吃饭。上大学时，妈妈以孩子年龄小为由，住进了大学宿舍继续照顾他的生活起居。

从小学开始，一直到大学，这个孩子的日常生活，一直都是妈妈全权操持，他妈妈觉得，孩子“只有专心读书，将来才有出息”。

然而，当这个孩子脱离妈妈的照顾，来到北京中科院读书后，问题来了。他生活无法自理，学习上也适应不了中科院这种独立自主的研究模式。

天气热了，他还穿着厚厚的棉衣；大冬天则穿着单衣、拖鞋就往外跑；他的房间从不清洁，屋子里也常有臭味弥漫，靴袜和脏衣服扔得随处可见。更令人不可想象的是，他甚至不记得参加考试和撰写毕业论文。

学校鉴于他生活不能独立和自理的状况，只好劝他退学。最后，他连硕士学位都没拿到。

这个孩子的妈妈后来悔恨地说：“我心里常常会想，儿子这么聪明，将来就算长大离开我，什么东西也能很快学会的，怎知道他习惯已经形成，无法改正了。”

如今的一些父母，看到孩子做事情缓慢或者做得不好，就急忙要去帮助孩子。他们总是自以为孩子还小，不懂很正常，应该帮他们做好一切，免得让孩子伤了累了。父母们觉得，等到孩子长大成人了，所有的事情就都会做了。他们总是把这种过多的溺爱和呵护当作爱孩子和对孩子有责任心的体现。

其实，这只是父母在潜意识中隐藏起来的一种怕麻烦的表现而已。他们害怕孩子摔伤、生病，把衣服弄脏、把房间弄乱，这些都会让他们事后处理起来更为复杂。既然如此，还不如替孩子完成这些事情，岂不是省去了很多烦恼。

父母这样的做法，虽然帮助孩子暂时解决了问题，但是他们这种心理，会让孩子养成许多不好的习惯。专业人士研究表明，那些生活被父母包办长大的孩子，一般遇事胆小，缺乏主见，没有探索精神，不知道自己能做什么，不能做什么，性格被动怯懦，总认为自己比不上别人，自卑心理极为严重。

因此，我们父母一定要从小就开始培养孩子的独立性格，帮助他们建立自信心，培养孩子勇于面对困难、不惧解决生活难题的优良品质。唯有这样，孩子以后才能成为社会的栋梁之材。那么，我们应该从哪些方面入手培养孩子的独立能力呢？

其一，要提高孩子对各项事物的适应能力。孩子的适应能力强，他的独立性也会逐渐养成。想要培养孩子的适应能力，我们需要用一些孩子容易接受的方法，例如让孩子去适应新的环境、鼓励孩子去认识新的伙伴等。

有一些父母，在孩子即将接触新的环境时，会表现得异常不安，并且会把这种不安情绪“转嫁”给孩子，这对孩子适应能力的养成是有害而无益的。

这时，父母需要做的应该是给孩子指引，告诉孩子：人生中我们要经历的事情有很多，不论是什么样的环境，与什么样的人打交道，碰到多少困难，这些都不可怕，不要因为担心做不好就不去尝试，不要因为失败就畏缩不前，要有一颗越挫越勇、永不言败的心，相信自己，积极面对，尽到自己最大的努力，不留遗憾，就是成功。

其二，我们父母要培养孩子的自主意识，而不是事事代劳。一些孩子的事情，可以让他们自己拿主意。在孩子不断成长的岁月里，我们父母需要做的不是一切都安排妥当，而是要学会慢慢放开，成为一个护持者，只要不是对孩子有伤害的事情，或者是一些不对的思想和行为，都应该让孩子自己去解决。不放任雏鸟飞翔，它永远成不了雄鹰。

对此，我们父母还可以制造出一些机会给孩子，用以培养孩子的判断能力和选择能力。比如，去菜市场买食材，我们可以把需要购买的食材列出一个清单，并限定一个购物价格，然后让孩子来进行购买。这时候，食材的好坏、贵贱，都可以培养孩子的判断能力和选择能力。在这个过程中，孩子不仅会体会到独自购物的新鲜感和乐趣，还能够从中获得一种信任感，他们在挑选食材的时候会更加认真负责。

其三，对于孩子的选择要给予尊重。有些父母过于强势，在孩子面前从来都是说一不二，对于孩子的不同意见和想法，从来也不在乎，他们甚至还干涉孩子的自主意识，要求他们一切服从父母。

长此以往，孩子就没有了提出意见的想法，因为提出了也得不到父母的认同和回应，有时甚至还会招致责骂，这让一些孩子的积极性遭受了严重的打击，以至于后来干脆就不再去思考问题，父母怎么说，他就怎么做。

这种做法无疑是在培养孩子的惰性，扼杀他们的自主意识和自信心，这是一种极不值得提倡的现象。身为父母的我们，应该学会尊重自己的孩子，对于孩子的发言和意见，要认真地聆听，即使有些发言过于幼稚，有些意见不合理，也要用一种互相探讨、商量的语气来和孩子进行沟通。

其四，给孩子一个属于自己的空间。任何人都有自己的秘密，孩子也不例外，而给孩子一个属于自己的空间，不仅可以让他们感受到来自父母对他们的信任，还可以培养孩子的独立性。在家里，我们可以给孩子创造一个小空间，这个小空间里的一切东西，都由孩子自己支配，他可以放入自己最爱的童话书，也可以把自己制作的小发明放进来，还可以把自己的玩具，觉得很重要的东西都收入其中。

除此之外，我们应该适当给予孩子一些属于他们的自由时间。在这个自由时间里，孩子无论是看漫画、玩玩具，还是带别的小朋友来玩耍，我们父母都不要去阻止和干涉。

身为父母的我们，应该多倾听孩子的心声，在日常生活中，多尊重他们的意见，多表扬他们的进步，多鼓励他们去尝试一些新鲜事物，教会他们遇到困难要去勇敢面对，这样，会让孩子变得越来越独立，越来越优秀。

最后，值得我们注意的是，不要过多干涉孩子的生活。孩子的成长离不开父母的扶持，但是过多的扶持却会起到相反的效果。一些年轻的父母，在孩子刚刚懂事时，就开始了“严防死守”，对孩子的任何事情都要事无巨细，并且要求孩子一切听安排、听指挥，一旦孩子稍有反抗，就会训斥孩子“不懂事”“没大用”。

这些父母用这些自以为对的方法来管教孩子，希望他们的人生一帆风顺，没有弯路，却不知，这样的管教方式，已经走向了一个误区，它禁锢了孩子独立思考、自主选择能力的发展。孩子毕竟不是机器，他有着独立的意识，有着繁杂的情绪，父母过多干涉孩子的生长，要么让孩子彻底臣服，变得唯唯诺诺，要么激起孩子更大的反抗，让父母和子女的关系走向破裂的边缘。

身为父母的我们必须清楚，过多的干涉不是为了孩子好，而是会让孩子变得不自信，丧失自主性。时间久了，孩子没有了辨别是非的能力，在对事物的选择上也变得犹豫不定，不利于孩子的成长。

此外，父母对于孩子时间上的“严防死守”，也会使孩子养成一种坏习惯。一旦父母不在身边，这些孩子就会松懈下来，懒散自由，做任何事情都会变得拖拉、磨蹭，注意力难以集中，不知道自己应该干什么，更不用说专心学习了。

身为父母的我们，谁也不想自己的孩子变成这番模样。因此，那些喜欢对孩子进行过度干涉的父母，都应该摸着胸口问一问自己的内心：把所有期望，都强加在孩子的身上，这样好吗？这是负责任的父母应该做的吗？我们未实现的愿望想要让孩子来代替我们完成，这样对他们公平吗？孩子的人生，难道不应该属于他自己吗？孩子也有着自己的梦想吧？

每一个孩子，都会长大，将来都会有自己的生活。而我们父母应该做的是指引他们走上正确的道路，而不是在孩子成长的过程中，给他们套上枷锁，束缚他们的人生。孩子长大了，身为父母的我们，就应该学会放手，让他们飞向更遥远的天空，创造出属于他们的精彩未来。

让孩子有自我管理的能力

自我管理又叫自我控制，是个体利用内在力量改变自己行为的策略，普遍运用于减少不良行为与增加好行为的出现。自我管理，我们可以把它看作与自我的关系管理，就是指个体对自己本身，对自己的目标、心理、思想和行为等表现进行的管理。

换句话说，自我管理就是自己管理自己，自己约束自己，自己激励自己，自己管理自己的事务，最终达成自我奋斗目标的过程。自我管理的核心是一个人的自我教导及约束的力量，也就是自己的力量，而不是传统的外控力量，比如说教师的力量或者我们父母的力量。

自我管理在管理界的意义非常重要。对孩子来说，学会自我管理，可以让他们对时间的利用更加合理，对学习效率的提高也有着促进作用。在父母看来，学会自我管理，会让孩子的未来生活更加顺利，孩子总会有长大的一天，总有一天要自立于社会，而立足社会必须要有自我管理的能力。

如果我们父母从小就开始培养孩子的自理能力，如自己的衣服自己洗、自己的物品自己保存、自己的困难自己学着解决、自己的时间自己安排等，必定可以养成孩子的独立性、目的性和自主性，而这也将提高孩子在未来独自生存的能力，让他们在这个竞争激烈的社会中不会被淘汰。

随着时间的流淌，孩子会一天天长大，懂得的东西会一天天增多，活动区域会不断扩大，思想也会变得更加复杂，这时就需要有一个自我约束力的存在，也就是自我管理能力。

如今，很多孩子因为自身阅历浅薄，无法很好约束自己，更没有形成好的管理意识，这就需要我们父母从旁协助，引导孩子提高他们的自我管理能力。

现在一些家庭条件好的父母，在孩子长大后就会把他们送到国外读书，在陌生的环境中生活，这更加要求孩子有较强的自我管理能力。有一些专家认为，许多学生的问题不是出在智力上，而是没有很好的自我管理意识。

大多数学生从小就在父母无微不至的关怀下长大，缺少独立自主的能力以及自我管理的良好习惯。当他们长大后，要离开父母到外地读书或者进入社会工作时，就会变得无所适从，生活、学习、事业一团糟，这就是自我管理能力低下导致的。

的确，一些自我管理能力强的人，不论在任何地方，都更加应对自如。请看下面一个例子。

数字视频和人工智能领域的世界级科学家张亚勤博士，12岁就考上了中国科技大学，是那时我国年纪最小的大学生。

当时，从张亚勤的老家太原到中国科技大学所在的合肥，需要坐20多个小时的火车，中途还要转两次车。当时的他，也是第一次出远门，他的母亲却让他独自前去，甚至连行李托运都是他自己解决的。

张亚勤的母亲虽然对孩子的学习和生活很是关心，但是在生活细节上却并没有过多地干涉。张亚勤时常回想起母亲曾经对他说的话："男子汉，就应该在外面多闯闯，多见见世面，这样才能独立，才能够更好地了解世界。”

离开家的张亚勤，在中国科大独自生活。当时，他和少年班的同学7人一间宿舍，每天就吃着几分钱一份的饭菜，物质生活极为艰苦，但张亚勤却毫不抱怨，甚至乐在其中，他觉得这样的生活让他的世界丰富多彩，眼界也变得开阔。

凭借自己的勤奋努力，张亚勤18岁时考入了美国的乔治·华盛顿大学，他只身飞往大洋彼岸独立生活；5年后，23岁的他，便获得了乔治·华盛顿大学博士学位。31岁时，他成了美国电气和电子工程师学会百年历史上最年轻的院士。不久，成为微软亚洲研究院的负责人。之后，又荣升微软全球副总裁……

功成名就的张亚勤在后来写给母亲的信《放飞的爱》中，这样说道：世上有一种爱，叫“放飞”。母亲对我的爱就属于这种。她不会把我捧在手心，许多事情总让我亲自去做，还说：学会独立，才能放飞……

谢谢母亲，谢谢您！在四十多年的人生道路上，是您教我学习、自立、自信、自强；是您教我怎样做人；是您教我如何在航行中搏击风浪；是您的放手，让我一次又一次地高飞！

张亚勤能够在12岁便独自外出求学，18岁又远赴大洋彼岸学习，便得益于自我管理能力的强大。而一个缺乏自我管理能力的孩子，在远离父母的情况下，是绝不可能管理好自己的生活和学业的。当然，更不可能做出什么成绩。

在日常的生活中，能不能管好自己，是衡量自我管理能力的一个极为重要的标准。我们的孩子，如果连自己最简单的起居生活都做不到管理得当，那么，其他的事情就更不要说做到、做好了。

对于孩子自我管理能力的培养，有一个循环渐进的过程，一般都是由不自觉变为自觉，从消极转变为积极。在通常情况下，随着年龄的增长和知识的不断积累，孩子的自我意识会不断地加强，对自我的管理能力和管理水平也会相应提高。当然，我们父母有意识的培养也是少不了的。

那么，对于孩子的自我管理能力，我们父母该如何进行培养呢？具体可以从以下几个方面做起：

一是要从小事做起。我们父母应该在孩子小时候，就开始培养他们自我管理的意识。在日常生活中，我们可以通过言传身教、以身作则的办法，使孩子形成一定的主动意识，从最简单的小事情开始培养孩子动手、动脑的好习惯，树立一种“我的事情我来做”的观念，并让这种观念深深地扎根在孩子的脑海中。切不可让孩子养成依赖性，那只会让孩子变得懒散，严重的甚至会发展成孩子会做的事情也不想自己动手了。

在自我管理的养成中，收拾整理物品是一个非常重要的环节。每个孩子从小就有着自己的生活空间，作为父母，要鼓励孩子自己收拾自己的小房间。我们可以用一些简单有趣的方式，引导孩子参与到收拾房间的劳动中，并不时地给予他们表扬和嘉奖，尽量让他们保持高昂的情绪，让他们做到有始有终，在这个过程中，可以逐渐强化孩子坚持不懈的品质，使其最终形成一个良好的习惯。

二是让孩子自己安排生活。自己安排生活，这对一些自主意识还不够完善的孩子，无疑是极有挑战难度的，但这也不是不能完成的事情，这需要我们父母在孩子生活小事上就开始注重培养。例如带孩子出门时，我们可以用启发性的语气问一问孩子，你是否有东西忘记带上了？或许多有几次这样的提醒，孩子以后出门前就会自己检查要带上的东西了。

有一句话叫“人小鬼大”，说明孩子虽小，但头脑却是很精明的。父母在准备带孩子出门游玩时，可以尝试着让孩子决定游玩的地方，甚至是游玩的内容，并帮助孩子分析这些地方的优劣好坏，提一些自己的意见。慢慢地，孩子就有了自己的主观意识，在今后的生活里，也就学会了自我管理。

三是切忌事事包办。比如，早上孩子上学，书包里忘记带上昨晚写好的作业，受到老师点名批评，这时候我们父母千万不可以把责任揽到自己身上，而是要温和地告诫孩子，让孩子意识到这件事情发生的原因，是他没有把事情安排好，并要求他为此负责到底，这样孩子才会吸取教训，才不会犯同样的错误。

在恰当的时候给孩子以关怀和提醒，才能够让孩子更快地形成自我管理的意识。

总之，孩子最初的习惯养成，就如同是在播撒种子，我们父母必须要掌握好这个时机，及早介入。而在播种完毕后，我们父母还必须持之以恒，有计划地进行培育、浇灌，认真考虑每一个细节，这样，才能够让“自我管理意识”这颗种子，在孩子的脑瓜里生根发芽，茁壮成长，直至结出丰硕的果实。

让孩子学会做事情有计划

我们在做事情前，必须要拟定好一个计划，这会让事情变得更加顺利。有计划地做事，不仅是一种好的做事习惯，更能够反映出一个人对待事情的认真态度，而这恰恰就是一个人获得成功的根本原因。

对于孩子而言，有计划地做事，同样有着非比寻常的重要性。它可以让孩子更加有规律地安排自己的生活和学习，让自己有更多的时间来做自己想做的事。

如果一个人做事，顾前不顾后、丢三落四，又如何能够指望他管理好自己的生活呢？而一个连自己的生活都一团糟的人，又如何能够很好地完成他的学业和工作呢？

古人说："凡事预则立，不预则废。"意思是说，不论做什么事，事先有准备，就能获得成功，不然就会失败。

因此，我们父母要教育孩子，无论做什么事情，事先都要有周详的计划，这样才不会忙中出错，才能够有条不紊，把事情办顺利。下面请看一个事例：

婧婧是一个非常乖巧的女孩，爸爸妈妈都非常喜欢她，但这个孩子也有一个缺点，那就是做事粗心大意、没有条理，常常会把一些东西乱放，等到需要用到时，又到处翻找。

比如说，她头天晚上看的课本，第二天早上就不知道放哪儿去了。眼看着上学时间到了，她急得四处翻找，可怎么也找不到。

她的爸爸想让女儿改正这个缺点，养成做事有条理的思维习惯，于是灵机一动，想出了一个办法。

这天，爸爸对婧婧说："我看你喜欢看书，我们也给你买了很多书，可是如果我让你把某一本你想看的书快速找出来，你能做到吗？"

婧婧看看书桌上、沙发上、床上到处散落的书，摇摇头说："我做不到。"

爸爸说："我爱好收藏，你也知道我收藏了很多邮票，古今中外的都有。我的藏品如今已有数万枚，集邮册也有上千本，但是，不管你想让找我哪一张邮票，我都能在几分钟内给你找出来。"

女儿有些怀疑地看着爸爸说："是吗？我能试试吗？"

爸爸肯定地说："当然，你可以随便说出哪一枚邮票，我都能马上给你找出来。"

婧婧想了一下说："我记得您说我出生的那一年，曾经买过一套北京奥运会邮票，您能找到吗？"

爸爸说："你跟我来。"

婧婧跟爸爸来到书房，只见高大的书架上摆满了书籍。爸爸熟练地来到一个书架旁，打开玻璃门，戴上手套，看了几眼即抽出一个集邮册。然后，他小心地翻了几页，就对婧婧说："你过来看，这就是2008年的北京奥运会全套邮票。"

婧婧一看，爸爸翻开的果然是北京奥运会的邮票。其中有“中国印·舞动的北京”和吉祥物福娃贝贝、福娃晶晶、福娃欢欢、福娃迎迎、福娃妮妮等六枚。

女儿疑惑地问：“那么多邮票，您是怎么一下子就找到的呢？”

爸爸说：“这是一门收藏的学问。所谓‘收’，就是收集；‘藏’就是分门别类，就是要学会条理化。”

爸爸接着说：“不管是什么东西，你只要学会条理化和分门别类，寻找起来就会特别容易。比如说，你看的书籍，如果采用这种方法，也能伸手就从书架上找出来。”

接着，爸爸就给婧婧讲了一种国际的藏书条理化的“资料十进分类法”。这种分类的方法，是把所有的资料由粗到细分成类、纲、项、目四个层次，每个层次又以0到9为记号，分成10个等份。因此，全部资料可分为10类、100纲、1000项、10000目。

爸爸又给女儿讲解，“类”代表的是知识体系，“纲”代表的是专门知识，“项”代表的是专业，“目”代表的是形式。例如，知识体系可以分成10个类别：A.哲学类；B.历史类；C.社会科学类；D.自然科学类；E.工程、技术类；F.产业类；G.艺术类；H.语言学类；I.文学类；J.总类……

爸爸看到婧婧渐渐有了一些想要尝试的兴趣，就鼓励她试一试。而婧婧也早有了跃跃欲试的想法，于是，她在爸爸的指导下，把自己所有的书籍都分门别类地整理了一遍，她把经常要用到的书籍放在书架上最醒目的地方，把一些基本不看的书籍，放在书架内侧不显眼的地方。

此时的婧婧，对自己摆放书籍的位置，已经做到了心里有数，她自信再次寻找某一本书的时候，一定能够很快找到。

婧婧在爸爸的指导下，学会了做事有条理，她也喜欢上了这个方法，并把它用在了自己的生活中。

比如，书包里的书本，被她整理得条理清晰，语文课本、数学课本、外语课本、物理课本等，都是严格按照顺序摆放的，她只要把手伸进书包里摸到第几本书，就可以准确知道这本书是什么，再也不用把书包翻得一团糟了。

作为父母，我们要给孩子起到榜样的作用，做事时一定要有条理、有计划地进行。比如，把家里的房间收拾得井然有序，垃圾分门别类，看完的书籍、报纸放回专属的位置，橱柜里的衣物按其类型依次摆放等，这些微小的细节，都能够逐渐培养出孩子做事有条理的好习惯。

然而，想要培养孩子做事有条理的好习惯并不容易，这需要我们父母有耐性、有决心，从小事上就开始教育孩子，并在这个过程中寻找到最佳的时机和切入点，对孩子进行针对性的引导。具体方法可以参照以下几点进行：

一是做事要有计划性。做事情条理不清，没有合理的计划和方案，是小孩子做事时普遍存在的现象。这时，我们父母就要对其进行有指向性的引导，让孩子沿着正确的方向前行，而不是偏离航道，养成不良的行为习惯。

在未来的人生中，做事条理不清、计划不明的孩子，会生活得很辛苦，他们遇到的困难和阻碍，也会比其他人来得更猛烈、更曲折一些。

有计划地做事，不仅是一种良好的作风，也反映出一个人对待人、对待事物时的态度，这也是日后能否从容有致、良好生存的重要因素。

平时，孩子不论做什么事情，我们父母都要有耐心地引导孩子，有条理地处理事情。比如把自己的卧室整理得井井有条；晚上熄灯之前，装点好第二日要用的课本以及自身穿戴的衣物等。这些细节，对于培养孩子做事有条理的习惯都是极为有效的。

我们父母教孩子制订计划时，首先要抓住契机适时引导。物品的条理往往比事情的逻辑性更能够让孩子接受和明白，我们父母可以以此为切入点，让孩子由浅入深，逐渐明白条理是什么。

日常生活中，我们父母在打扫房屋时可以多让孩子参与进来帮忙，这不仅能使孩子的动手能力得到加强，还是一种培养孩子劳作观念和做事有条理的好方法。

孩子在这个过程中，能够清晰地观察父母做事时的动作，比如按顺序摆放书本、把一些桌椅归放到原位等，这些井然有序的做法，会让孩子对条理的理解更为直观和清晰。

在孩子熟悉了我们大人整理衣服、书籍、用具等物品的方法后，我们父母就可以尝试着给孩子买一个小展览架，让孩子也学习着去摆放他们自己的各类物品，学会分门别类、顺序放置、摆整齐、放好看、易寻找，往后逐渐扩展到能够自己叠衣服、整理学习用品、清理衣柜、准备第二天自己需要的物品等。

然而，想要让孩子养成做事有计划、有条理的好习惯，却不是一时半刻可以办到的，这需要我们父母抓住教育的契机，用自己的耐心和细心，对他们进行正确的引导。

长此以往，孩子从整理自己散乱的物品中，会逐渐感受到条理的技巧和这样做事所带来的好处。

二是我们父母要帮助孩子制订计划。想要让孩子做事有计划，我们父母本身也应养成习惯，经常向孩子示范一下自己的一些计划，并把自己的计划告诉孩子，让孩子提提意见，甚至让孩子参与其中，一起制订计划。

比如在休息日的时候，可以同孩子这样说："我们今天要好好规划一番，等会儿用完早餐，先到公园去踢足球，然后中午回家吃饭，饭后半小时睡个午觉，14点我们去艺术馆看画展，16点去游乐场玩，回来后，你写一篇今天的见闻，你看怎么样？"

这样的方法，可以让孩子更快地了解到计划的重要性，让他们更容易学会怎样去合理安排自己的事情。在孩子向大人提出某一个自己的要求时，我们父母还可以适当地问上一句："你计划怎样去做呢？"

当孩子习惯了事先安排活动的内容和次序后，他也会像大人一样把计划做得合情合理，甚至把学习、劳动之类他不十分情愿做的事也自觉地安排到他的计划内。

倘若我们父母的计划被孩子提出了疑问，或是孩子心中有了其他计划时，我们父母就可以让孩子自己来制订一个计划。这种做法，会让孩子感觉自己受到了尊重和认同，更容易让孩子遵守自己的计划。

三是让孩子按照计划办事。平时我们父母要注意向孩子灌输计划的重要性，并及时为孩子的不同行为拟订出计划。而这些拟定的计划，必须要让孩子参与其中，甚至可以让孩子进行主导来完成计划的拟订。

计划拟定完成后，我们父母就要鼓励孩子，让他们按照计划来行事。对于一些幼稚园的儿童，我们父母在他们玩游戏的时候，要告诉他们从哪里拿出来的玩具，玩完后就要放回哪里；对于一些上小学的孩子，就必须让他们学会看书和写作业时做到注意力集中，作业完成后才可以玩耍；对于一些上了初中的孩子，则是要培养他们做事的责任心，养成做事有始有终的好习惯。

总之，养成做事有计划的良好作风，是一种积极向上的生活态度。让孩子做事有条理、有计划，也是我们父母所期望的，然而真要切实地履行计划却并非易事。毕竟，就算是大人想要每一件事情都按照计划来进行也很困难，更不用说那些自制力差的孩子了。

培养孩子有计划做事的习惯，我们父母也会从中得到锻炼。对此，我们需要更加用心和细心！

逐渐让孩子学会独立

独立性，是一个人生存和成功的根本。没有独立性的人，永远只能生活在别人的羽翼之下，无法创造出属于自己的精彩与辉煌。对于那些还没有经历过社会洗礼的孩子来说，学会独立完成一件事情，拥有一份独立的人格，会让他在未来的成长中，变得更加顺利，特别是在遇到困难时，独立性强的孩子，会表现得更加勇敢和坚强。

我们来看看，下面这位父亲是如何培养孩子的独立精神的：

爸爸正在收拾着地上的玩具，这时，5岁的天天也想帮忙，爸爸耐心地教儿子："先捡起左边那个玩具飞机。很好！然后再捡起边上那个蓝色的小汽车。我们把玩具飞机放到玩具箱左边，把蓝色小汽车放到玩具箱右边。非常棒，天天真聪明，比爸爸都厉害呀！"

爸爸带天天去超市，给天天买了顶漂亮的帽子，天天要自己提着。爸爸说："天天长大了，会自己提东西了，真的好棒啊！"天天提着装帽子的袋子，高兴极了。

爸爸平时还交给天天一个重要的任务，就是给每一个回家的人拿拖鞋。天天可认真了，每次爸爸妈妈进门，他都会及时送上拖鞋。穿着自己儿子亲自拿来的拖鞋，爸爸和妈妈心里满是幸福感。

在培养孩子的时候，我们父母应该学会适当地放手，一些他能够做到的事情都要让他自己做，并在孩子做事的过程中，对他做得好的环节给予及时的赞扬和奖励。这样，可以让孩子体会到成功的喜悦，感受到自己的重要性，让他变得更加积极和主动。这对培养孩子的独立性、自主性和自信心，都有极大的帮助。

在我们的日常生活中，常常可以看到这样一些事：孩子上学的时候，书包是父母拿着；孩子的鞋带松了，是父母蹲下帮忙系好……这样的父母有很多，他们每一件事都给孩子安排到最好，对孩子的一切都要了如指掌，常常会以自己的想法来管束孩子，可谓“殚精竭虑”。

然而，我们父母这种事事包办的做法，却在无形中让孩子失去了自己的灵性，剥夺了他们对生活的体验和感悟。更让人感到痛心的是，父母这种事事亲为、事事代劳的做法，会让孩子产生一种自我否定的观念，最终会让孩子丧失自信心，变得自卑、懦弱。

对孩子的保护，我们父母需要做到适度。尺度过大或过小都会影响孩子正常的身心发展，让他们变得懒惰、不思进取、不敢做任何尝试，而且害怕与人相处。因此，对于孩子能够做到、做好的事情，我们父母要勇于放手，并鼓励他们去做得更好。

做父母的只有注意抓住一次次给孩子锻炼的机会，提高孩子的自理能力，才会使孩子日益趋于独立。

对于孩子的培养，我们父母需要拿出足够的耐心和时间，切不可因为孩子不小心打碎一件东西，就对他的动手能力和独立能力予以否定，失去对他的信任，那样只会让孩子变得不自信，变得不敢再去尝试。这时，我们父母需要做的是给孩子鼓励，让他们放下心里的芥蒂，分析这次事件失败的原因，吸取其中的经验与教训，这样他们才不会犯同样的错误。

每一个孩子，在成长的道路上，不是只有鲜花，还有一片片荆棘；不是只有一帆风顺，还有电闪雷鸣、狂风骤雨；不是只有喜悦和成功，还有悲伤和失败。这所有的一切，都需要孩子独自去面对，去体验，去克服。

在大自然中，有一些动物堪称是教育子女的专家。例如，老鹰在小鹰的翅膀长出羽毛后，就会教导它飞翔，甚至把它从高高的山崖上推下去，让其在坠落的过程中掌握飞翔的本领。这就是人们常说的“鹰式教育”方法。

又如，小狐狸长大了，该独自生活了，老狐狸就狠心把小狐狸赶出家门，让它们独立生活。有些小狐狸还舍不得父母的庇护，赖在洞口可怜巴巴地乞求着不愿离开。这时，身为父母的老狐狸尽管心中有一万个不舍，一万个不忍，还是毫不犹豫地将小狐狸驱逐出去。

这些动物并非不爱自己的孩子，而是很清楚地知道，父母不能陪伴孩子到老，让孩子学会独立生存的能力至关重要。它们看上去似乎有些绝情的行为正是体现了其良苦用心。

父母过度宠爱孩子，所有的事情都一手包办，孩子只会养成“衣来伸手、饭来张口”的恶习，独立生活的能力一点儿都学不到。有时候，父母过度的爱心，只是羁绊孩子的枷锁，让他们的人生黯淡无光，这是一种不值得提倡的爱。

有个孩子天资聪颖，再加上后天的勤奋努力，成为公费留学生。可是，因为在国外不能一个人独自生活，又不能带着父母一起出去，万般无奈之下只得放弃了留学。这样的事情很多很多，就在我们周围发生着、演绎着，应该引起父母们的深思了。那么，我们父母应该如何培养孩子的独立性格呢？

首先，要学会对孩子放手。我们做父母的总是会担心孩子，但如果父母只是一味地担心，不肯放手让孩子去试试看，那么孩子将失去许多学习的机会。

放手是一种出于信心的爱。若父母能放手，孩子就能比较主动，知道自己该在什么时间做什么事。反之，孩子比较被动，因为他一切只要听从父母的指挥就可以了。

再者，只有父母学会放手，孩子才有可能懂得如何选择，如何自己做决定。因此，我们父母应在日常生活中学会放手，让孩子有解决困难的机会，学习适应社会的技巧，这样一来，长大后才会懂得如何照顾自己。

其次，要培养孩子的独立能力。在日常生活中，我们父母都想让孩子养成良好的独立性，想让他们比其他孩子都要自信和能干；但是却又找不对方法，处处溺爱孩子，把原本他们应该做的事情都包揽下来。结果，因为父母过度的溺爱，反而使得孩子得不到锻炼，长此以往，孩子的独立能力远不如同龄人，甚至因为缺乏独立性，连基本的日常生活都难以维持。

父母们早已知道，未来的时代，是一个竞争残酷的时代，要想成为那个时代的宠儿，就必须拥有独立挑战一切困难的自信和能力。因此，从小培养孩子的独立意识和能力非常重要，这是孩子将来适应社会的立身之本。

再次，不要怕孩子失败。我们父母应该有一个清晰的认知，那就是每一个孩子都是一个个体，他们的潜能无限，我们过多的干预和保护，只会让孩子的这种潜能慢慢丧失，直至变得平庸。

身为父母，在孩子成长的岁月里，应该给予他们足够的空间，让他们独自面对人生的一次次考验，我们只需要在旁边给予他们以微笑、以支持、以鼓励，用正确的方法引导他们，让他们变得自信和自强即可，孩子终将会成为一个勇士，战胜一切困难和失败，拥有属于他们的成功和骄傲。

最后，要培养孩子的自信心。自信心是让一个人获得成功，走向人生巅峰，成就非凡伟业的必要因素，也是让一个人重获新生，从绝望走向光明的动力。

自信心的确立，决定着孩子在今后的人生中能否自主和独立，也决定着孩子在面对困难时，是妥协放弃还是勇往直前。自信心是我们每一个人都需要具备的优良品质。

总之，为了让孩子学会独立，希望那些紧紧抓着孩子的手不肯放松的父母们，适时放放手：外面的天空广阔无垠，让孩子自由地去飞翔吧！只有在蓝天中翱翔，孩子的世界才更宽广；只有让孩子学会与风雨搏击，他们的翅膀才更强健有力。

故意给孩子设置一点障碍

人生在世，每个人不可能都一帆风顺，一个有远见的父母，应该及早让孩子学会怎么面对挫折，提高他们在挫折中的承受能力和应变能力。适当地给孩子设置一些困难，让孩子体会人生的艰难和不易，这才是我们父母给孩子最好的礼物。

挫折是人在遇到困难无法解决时，心理涌现出的一种感受。如果不能战胜挫折，我们就会变得沮丧、颓废，甚至一蹶不振。面对挫折的时候，每一个人都会表现出不同的态度，有些人会选择妥协退让，有些人则是迎难而上。这种巨大的性格差异，一般是由人的精神面貌、知识储备、心理承受能力等引起的，它和一个人的后天教育有着至关重要的关系。我们来看看下面这两个案例：

芸芸是一个非常聪慧的6岁小女孩。一个休息日的早晨，她的妈妈正用剪刀剪纸，过了一会儿剪出了一朵盛开的牡丹花，在旁边玩着布娃娃的芸芸看到了，非常惊讶和新奇，就闹着要妈妈教她剪纸，妈妈拿她没有办法，就教她如何去剪。

哪知，芸芸只看着学了一会儿，一朵牡丹花的轮廓就被她慢慢剪了出来，眼看着美丽的牡丹花剪纸就要大功告成，可就在至关重要的一刻，芸芸因为用力过大把纸剪断了。她立刻就不干了，小脾气也上来了，大喊着叫道：

"我再也不要剪纸花了，我要把它们统统毁掉！"

看到宝贝女儿哭得如此伤心，妈妈就哄她说："芸芸乖，不哭，妈妈再教你剪一个！都怪这个坏剪子，让芸芸没剪好，妈妈这就给你换把剪子，这次一定会剪出一朵漂亮的牡丹花。"

王丹是柏林一所幼儿园的教师，她有一个正在读小学的可爱女儿，她非常疼爱女儿，但从不溺爱。

有一次，女儿要和同学一起去春游，在出发前，王丹虽然发现女儿没有把午餐装入背包，但她并没有提醒女儿。结果，春游回来，女儿饿得肚子咕咕叫。

这时，王丹装作不知情况地询问女儿发生了什么事。等女儿告诉她后，她开始帮女儿分析造成这种情况的原因。女儿认真地吸取了这次教训，并表示：今后出门前一定先列出一个物品清单，出行时认真对照，那样就不会再丢三落四了。

第一个案例中的孩子本来是想让妈妈认可自己，看到自己的优秀，可是自己的失误和妈妈的反应，让她认为再也得不到妈妈表扬了，情绪因此而产生了剧烈波动，此时，她便认为这糟糕的局面再也无法挽回了。

面对这种局面，我们父母应该适时地鼓励孩子勇敢面对挫折，从头来过，而不是找到开脱的理由，逃避责任。在未来的人生中，孩子们要面对的困难和挫折还有很多很多，只有直面这些，才能够创造出属于自己的未来，走向成功。

第二个案例中王丹的做法就非常好。女儿出去游玩，王丹就算知道了她忘记带食物也没有提醒，而是让孩子体会到这次错误所带来的饥饿惩罚，让她牢记了这次教训，以后再也不敢马虎行事了。这场刻骨铭心的体验，相信王丹的女儿再也不想发生第二次了。

有些道理我们父母必须明白，在孩子还小的时候就过分爱护，不让他们受到丝毫挫折，那么当孩子大了我们老了，又该怎么去继续保护他们呢？

我们的爱总有用尽的一天，然而孩子依旧要靠自己走完他的一生。因此，请父母早点儿放手吧，让孩子在磨难中加快成长的步伐，这样他们才能够活出更精彩的人生。

俗话说“跟样学样”。长久以来的事实也证明了这个观点的正确性。如今好多孩子在思想上、行为上都有着父母太多的影子。比如，孩子骂自己妹妹的情形，简直同我们父母一般无二。孩子长大后，他的兴趣和志向或许与父母有所不同，但一些价值观和行为准则却都有着相似点，而孩子处理一些困难事情的方法和态度，也大多是从我们父母这里学来的。

有很多父母，生怕自己的孩子受到一点儿委屈，一旦出现对孩子不好的苗头，他们从来不问对错、不分好坏，就认为孩子是对的，错的都是别人，甚至为了不让孩子受到一点儿伤害，一些他们能够做的简单事情，也全部包办。

这些父母总自以为是地认为，这才是爱护孩子的最佳体现，却不知道正是这份过度溺爱，让孩子丧失了面对困难和挫折时的勇气，而这种在挫折中成长的宝贵体验，会对孩子性格和心理的完善产生重要的影响。

那么，我们父母应该如何给孩子设置一些困难和挫折，促使他们健康成长呢？

其一，要有意识地培养孩子适应挫折的能力。在日常生活中，孩子总会遇到一些挫折，这个时候，我们父母要帮助孩子总结经验，询问他们从中学到了什么，然后分析遭遇挫折的原因，引导他们自己去战胜挫折，而不是出手替他们解决问题。例如，孩子跑得过快跌倒了，我们不要急着去扶起，而是应该鼓励他们自己爬起来。

其二，我们父母要多多鼓励孩子参加一些学校的团体活动，比如学校举办的夏令营、冬令营、小发明家比赛等，这些都有利于培养孩子的独立性和自信心。

其三，我们父母可以有条件、有针对性地创造出一些情境，让孩子从中得到各方面的锻炼。例如，让孩子独自处在一个小空间里，让他体会其中的孤独和寂寞，进而明白有朋友是一件多么幸福的事情。

我们可以让孩子多参与一些对他们来说有难度的活动，让其体会不同的人生，然后尝试着去面对和战胜这些困境。

其四，对待孩子，父母要有适度的期望和正确的评价。过多的期望会让孩子感受到沉重的压力，一旦超出孩子的心理承受范围，会让其心境崩溃，从而产生严重的挫败感，变得没有自信。

不管孩子做事的结果如何，我们父母都应该给予适当和正确的评价，让孩子能够清楚地认识到自己的错误和不足，让他们从中吸取经验，明白自己的优缺点在哪里，又该如何规避和改正这些地方，这种教导孩子的方法，会让他记忆深刻，使其心智更加完善，在以后的生活中，孩子会更加坦然地面对各种挫折。

最后，让孩子拥有更强的抗挫折能力。这需要我们父母平时遇事时要冷静，要积极、勇敢地面对自己的困难，给孩子树立一个勇者无畏的形象，切不可轻易在孩子面前表现出颓废消极的情绪。

例如，有些父母对孩子过度关爱，孩子稍微咳嗽一下，就火急火燎地把他送往医院检查打针；孩子一旦有什么事情不顺心，父母甚至比孩子更坐立不安。这种情绪会悄然地传递给孩子，让他们变得敏感和脆弱。

事实上，适当给孩子创造一些逆境，对他们今后的生长和发展是极为有利的。一个没有经历过挫折和磨炼的孩子，在面对困境的时候，首先想到的往往是退缩和惧怕。儿童教育者认为，我们父母要给孩子多提供一些尝试的机会，这也是挫折教育里最重要的一个部分。

在孩子成长的过程中，光有阳光是不行的，还得经历过暴风雨的洗礼。这样，孩子才能够吸取到均衡的养分，才会明白生活的艰辛和幸福的来之不易，才会在面对困境时决不放弃，才会懂得抗争和坚持是打破命运枷锁的铁锤，才会在未来的社会里闯出一片属于自己的天地。

人们常说："不经历风雨，怎能见彩虹。"是啊，孩子不经历过磨难，又怎么能够从中吸取经验教训，又怎么能够进步，攀上新的高峰？孩子终有一天会长大，会离开父母，去寻求他们的人生。我们父母要做的，不是束缚他们成长的步伐，而是应该加强他们应对挫折的能力，增强他们的心理承受能力，让他们在未来不论遇到什么困境，都能够无所畏惧、勇往直前。

教育孩子勇敢面对失败

每一个做父母的，都有一个“望子成龙，望女成凤”的愿望。为此，无数父母在孩子成长的过程中，付出了巨大的代价。然而，令人心寒的是，他们的付出并不能和收获成正比。我们先来看一个事例：

龙龙的爸爸是一位小学老师，龙龙在爸爸任教的学校上学。龙龙从小就泡在题海里，很少有时间和小朋友们玩。

有一次，两位同学约他一起去踢了场球，结果龙龙的爸爸知道了，竟当着全班同学的面狠狠地批评了那两个同学，从此，再也没有同学敢找他玩了。

不过龙龙的成绩一直是全年级最棒的，他多次被评为学校“三好学生”，甚至是市级“三好学生”。

由于在学校里龙龙每天只能跟书本做朋友，同学中几乎没有朋友，他的性格变得越来越内向了。

到了快升中学的前一学期，龙龙眼睛的近视突然厉害起来，而且成绩也开始明显下滑，这使他的爸爸着急和不满起来。他时常抱怨叹息，甚至大骂儿子，要求他下次考试千万考好，别给自己丢脸。

可适得其反，接下来，龙龙得了考试“恐惧症”，哪怕是班级单元学习测试，他也感到心慌、难受，常常是考试前一天便开始饭吃不香，觉睡不稳。

可是爸爸还是没有意识到儿子出问题了，仍是一如既往地逼着孩子做题、背书，嘴里还嘱咐说：“我看你这次能考多少分……这一次你必须争取拿第一名，挽回你和你爸的名声，否则，你怎么升入好中学啊？”

终于在一次考试中，龙龙晕倒在地……

在心理疾病研究中心，龙龙被诊断为“精神分裂症”，是因高度紧张和“情感饥饿”造成的。听着医生的分析，龙龙的爸爸痛苦地说：“天哪，是我把儿子害成这个样子的！”

龙龙本来是一个天资聪颖的男孩，但是爸爸对他的期望值太高了，他表现得再好，爸爸也不满意，最终导致了龙龙的精神失常。我们设想一下，如果龙龙的爸爸尊重孩子成长的自然规律，龙龙还会出现这样的问题吗？揠苗助长不会使小苗长得更快，只会适得其反。

另外，不论是孩子还是大人，都需要有情感上的沟通以及情绪的宣泄。龙龙的爸爸总想看到孩子的成功，却无法面对孩子的失败，以至于他的高要求和生气抱怨等情绪，无形中都变成压力强加给孩子，让孩子没有喘息的机会。长此以往，孩子便被“闷”出了“心病”，再也无法拥有一个健康的心态。

因此，我们作为父母，看到孩子受挫，不必大惊失措，应该冷静、客观地对待，让孩子从挫折中吸取经验教训，完善自己的人生。如果孩子害怕失败，他将一事无成。

其实，对于孩子来说，所谓的“失败”只是暂时的、偶尔的，毕竟他们还年轻，还有反败为胜的机会。这些“失败”对于孩子来说，也并非一件坏事，它可以磨砺孩子，让其变得更加坚强和自信。

身为父母，想要真心地帮助孩子，不妨对他们适当地放手，让孩子多经历一番来自生活的磨难，相信在这个过程中，定会让他们积累到一些宝贵的经验。

我们必须明白：拥有成功的不一定是英雄，但是面对失败就放弃妥协的人，必定是一个胆小鬼。只有在失败中吸取经验、找到原因、重新站起的人，才会最终取得成功。

有这样一个孩子，他从小在农村长大，到了上学的年龄才来到父亲工作的城市。在学校里，他的成绩一直比较差。

有一次期中考试，当老师拿着成绩册出现在教室时，他的心里忐忑不安。果然，当老师板着脸念完全班同学的成绩时，他又拿了个全班倒数第一。

当老师用冷冰冰的目光盯着他时，全班同学也一齐看向他。

“乡下人果然笨……”

“这人老拖全班的后腿……”

“不知道凭什么关系进来的……”

“害群之马……”

随即，他听到了同学们私下的议论。这个孩子回家后告诉爸爸说，在班上有很多同学嘲笑他。

爸爸听了儿子的话，并没有责怪他，反而安慰儿子说：“孩子，我们来自农村，底子比较差，同学们议论几句是正常的。问题是你有没有勇气面对它！”

孩子困惑地望着爸爸。

爸爸说：“你敢不敢把自己的成绩单贴在教室墙上，然后向大家宣布，自己是最差的？”

儿子说：“这有什么不敢的，我本来就是最差的。”

爸爸鼓励道：“那就去这样做吧！”

第二天一到学校，他就在同学们的注视之下，将自己的成绩单贴在了墙上，并向大家宣布说：“我是班上成绩最差的！”

他的这一行为，出乎所有人的意料，嘲笑他的同学也觉得没意思了，再也不说他了。

上课铃声响了。当满面冷霜的老师意外地看见那张成绩单时，显然意外地愣了一下，接着就把惊奇的目光投向了他。

他红着脸站起来说：“我的成绩最差，我把成绩单贴出来就是要承认自己的差距，正视自己的差距，然后缩短与同学之间的差距。”

听了他的话，老师的脸上露出少有的笑容。老师说：“你能够承认自己与同学的差距，说明你是个了不起的孩子。我相信，下学期你的成绩单再也不会贴在这里了！”

听了老师的话，他的话升起了一股暖流。

这个孩子的爸爸为何要这样做呢？事实证明，他的态度是绝对明智的，因为他终于为儿子赢得了一个好的心态，使儿子再也不像以前那样为成绩差而诚惶诚恐了。

此后，这个孩子的爸爸还给他设计了一套适合“笨小孩”的学习方案。在爸爸的耐心指导下，短短两年时间，这个孩子在学校的学习成绩就突飞猛进、名列前茅了。

从以上事例可以看出，好的父母在孩子彻底失败时，不是打击、挖苦孩子，而是允许孩子失败，教育孩子要有输得起的心胸，要勇敢地面对失败，并在孩子受挫的最关键时刻，给孩子提供适当的帮助，适时地对孩子的良好行为进行肯定性评价，让其在挫折中吸取经验教训，把挫折当作锻炼自己的好机会，然后带领孩子闯过难关，以此让孩子重新获取自信，变得坚强起来。

而现实生活中，我们有些父母又是怎么做的呢？他们总是强调成功，让孩子只看重结果，不在乎过程。每当看到孩子的学习、比赛获得好成绩，就眉开眼笑，再有不足也被忽略了。

但是当他们看到孩子遭遇失败时，脸立马拉长了，他们还会把说孩子说得一无是处，再多的优点也视而不见。

这种父母的眼中，只有成功、只在乎成功，于是成功就成了他们孩子的压力和枷锁。在这种家庭中成长的孩子一般自尊心极强，认为只有“赢”，才能证明自己的能力。他们特别看重别人对自己的评价，总是渴望通过成功来获得他人的好评和肯定，因此很难有一个好心态，一旦失败了，就容易产生消极情绪，甚至是对自己全部否定，最终使自己身心遭受巨大伤害。

那么，当孩子面对失败和挫折时，我们父母应该如何教育才是正确的做法呢？

一是培养孩子对待失败的正确态度。其实，在生活中我们每一个人都不可能是一帆风顺、无往不利的，总会遇到一些挫折，总会遭遇到失败，孩子也无法例外。

因此，当孩子某一件事情面临失败时，我们父母需要让他们明白，失败并不可怕，可怕的是不知道失败的原因和没有面对失败再次站起来的勇气。要知道，成功是由无数次的失败堆积而成的，只有经历过挫折和失败的人生，才会让我们变得更加成熟，才更能让我们体会到成功的喜悦。我们父母应该以正确的方式和态度，来教育孩子勇于面对失败，在失败中学会去抗争，去克服困难，去创造属于他们的成功未来。

二是多提供给孩子一些锻炼的机会。是什么原因导致一些孩子做事时总是功败垂成呢？究其根本，就是一些父母，老是代替孩子完成本该他们自己完成的事情，让孩子的动手能力几乎为零。

这样的做法，只会使得孩子得不到锻炼，甚至滋生出了懒惰心理，永远无法真正地成长起来。因此，身为父母，要学会去适时地放手，让孩子去尝试着做一些力所能及的事情。

三是要多总结孩子失败的原因和经验。我们任何人做事，都不可能一蹴而就，最初都是在失败的经验中获取成功的，而对于孩子来说，做一件事情失败的概率会更大。

然而，这些并没有什么可沮丧、可害怕的，只要孩子在这些失败的过程中吸取到了宝贵的经验，总结出了失败的原因，下次不再重犯这个错误，那么就是一种进步，就是在成功的道路上前进了一大步。

四是不要随意指责、嘲笑孩子。每一个人都会遭遇失败，这时如果我们随意地指责和嘲笑，将会严重地打击孩子的自信心，使其一蹶不振。而在我们的生活中，当孩子因为某一件事遭遇到挫折导致失败的时候，身为父母，更不能随意指责和嘲笑，那样做的后果只可能让孩子对你失去信任，变得自暴自弃。

五是多给予孩子肯定和鼓励。当孩子在做一件事情招致失败时，我们父母需要做的是给予鼓励和支持，让孩子感受到来自父母的爱护和信任，从而让他们敢于面对失败、承受失败、战胜失败。

总之，面对失败，需要非凡的勇气。一个敢于直面失败的人，其实已经向成功走了一大半的路。英国著名作家萧伯纳曾说过："在我年轻时，我所做的事，十中有九都是失败的，为了不甘于失败，我便十倍努力地工作。"拿破仑也说过："不会从失败中找寻教训的人，他们的成功之路是遥远的。"

在我们的日常生活中，孩子难免会遭遇不同的挫折。这时候，我们父母就要教育孩子如何直面挫折，接受这种来自人生的考验，让他们深刻体会到，人生的道路上不可能永远都是一片坦途，也会有坎坷不平，让他们对未来遇到的艰辛和困难做好思想准备。

另外，对于孩子犯下的错误，我们要能给予理解和谅解。作为父母，要明白孩子犯错是不可避免的，我们需要做的是让孩子在这些错误中看到自己的不足，发掘出自己的潜能。我们父母应该以最正确的方法引导孩子，增强他们的自信心，让其变得自信而不自傲，在未来的社会中发光发热，成为栋梁之材。

第九章　培养孩子要以身作则

我们父母的行为、习惯、品质、素养，在孩子有了最初的感觉时，就开始影响并教育着他了，它们在孩子幼小纯真的心灵里留下了深深的印痕，并影响终生。

为此，我们每一个父母都要以身作则，要用榜样的力量影响孩子，用自己的道德素养、人格学识哺育孩子，用我们的一举一动塑造孩子。

父母以身示范为孩子做出榜样

在孩子成长的过程当中，我们父母的教育之法是否得当，会对孩子有着最为直接的影响，甚至会影响孩子的未来人生。在教育孩子的过程中，父母扮演着至关重要的角色。

根据相关调查显示，大多数孩子的不良习惯都和父母的日常行为不当有关。由此可以看出，父母的一些行为举动已经成了孩子的风向标，比直接对孩子说教更为重要。

一个人从出生开始，每一步成长都离不开家庭的教育和影响。我们父母说过的每一句话，做过的每一个动作，都会在无形中对孩子起到潜移默化的作用。因此，在对待孩子的问题上，我们父母应该明白“身教胜于言教”的道理。

古语说：“教子弟于幼时，便当有正大光明气象；检身心于平日，不可无忧勤惕厉工夫。”这告诉我们，父母要在孩子年幼的时候，就应该开始培养他们正直和磊落的德行，同时也要多反省自己是否存在不良的习惯，时刻端正自身的行为和思想，为孩子树立一个好的榜样。

父母对孩子进行说教，虽然也有一定的教育作用，但是它的效力往往在短时间内就消散了，并且只适用一些比较听话的孩子。对于一些较为调皮的孩子来说，父母的“身教”具有更大的作用，产生的效果也可以持续更久。

从孩子出生到长大成人的过程中，每一位父母都倾注了自己的心血，付出了艰辛的努力和辛勤的汗水。我们父母也是孩子人生的第一个老师。在日常生活中，父母的动作表情、处事方法、说话习惯，都会在悄然间影响孩子。而父母良好的行为方式，则可以帮助孩子建立起健康的心理。

作为父母，谁都希望自己的儿女能够成长为有用的人才，都渴望自己的孩子是人们口中赞不绝口的好学生，尤其是在现在这样一个科技发达、社会竞争已经趋于白热化的时代，孩子的优秀与否，已经成为他们未来能否在社会上立足的最关键因素。

在现实生活中，常常会听到父母这样的抱怨："我家的孩子无法无天了，实在是管不住了。"为什么会有这些抱怨呢？这是因为父母与孩子的沟通出现了障碍，在教导方式上出现了偏差。

小旭在刚上小学的时候，学习兴致特别高，每天从学校回来，首先就是完成老师布置的作业和复习第二天需要学习的功课，他的成绩也因此一直都是班级里拔尖的。爸爸妈妈都为他感到十分自豪和骄傲。

可是，过了一段时间后，小旭的成绩却有了下降的趋势，一些不好的毛病也开始出现在了他的身上。他的爸爸妈妈也发觉了这种情况，开始对他在言语上进行教育，只是每次教育的效果并不大，小旭既不顶嘴也不反驳，就这么安静地听着，可是他的学习成绩依然毫无起色，坏毛病依旧没有改正。

小旭的爸爸是一家公司里的干部，由于公司业务不断增加，为了让工作更加方便，他便给家里安装了一台电脑。在每次工作完成以后，他就会看下网络小说，打下小游戏，来放松自己紧绷的神经。

小旭看到爸爸每次坐在电脑前，都很是高兴，便也跟着对电脑产生了极大的兴趣。开始的时候，他总是先做完作业，再去玩一会儿电脑，可是渐渐地，他对电脑里的游戏和动画片就有些着迷了，后来一回家作业也不做了，就奔到电脑桌前。尤其是学校放假的时候，他甚至一天都霸占着电脑，吃饭都有些食之无味了。

等到期中考试成绩公布出来，小旭的成绩可谓是直线下滑，从班级前五掉到了三十名以后。这可把爸爸妈妈给急坏了，此时的他们也知道，必须要想个对策让孩子好好学习了，可是一时间又拿不出一个好的方法。

经过长时间的斟酌和商量，他们决定同小旭一起，开一个家庭会议。会议开始后，首先爸爸对自己玩游戏做出深刻检查，对小旭玩电脑的利害关系做出分析，决定要以身作则，不再玩电脑，为孩子树立一个好榜样。

自此，小旭的父母在每天晚上吃过饭后，就去读书练字，再不去电脑边上了，就算需要利用网络查找一些资料，他们也是在孩子不在家中或是睡觉的时候进行。小旭在看到父母都这么认真学习，他也不好意思再玩电脑了。

日子一天天过去，在父母的言传身教下，小旭的兴趣又再次转移到了学习上，不久之后，他的成绩又追赶了上来，甚至还有所进步。

小旭的父母因为及时采用了正确的引导方式进行教育，将儿子从网瘾边缘拉了回来。从这个事例中，我们可以看到父母榜样的力量对孩子起到的作用是多么巨大。那么，在日常生活中，我们父母要如何为孩子树立起一个好的榜样呢？

首先，要言传身教。孩子都是崇拜自己父母的，父母的一言一行都在孩子的眼里，具有强大的榜样作用。我们父母不仅是孩子的标杆，也是他们行为意识的引领者，父母的很多表现，都会成为孩子模仿、学习、运用的榜样。

因此，想要孩子规整自己的言行，父母就先要言行一致。父母言行相悖，会对孩子造成不好的影响。古人说："以教人者教己。"便是指想要孩子形成一个优良的品质，我们父母首先要能够符合这个要求。

其次，父母要亲身示范。在家庭教学的时候，有些父母通常会用说教的方式来告诉孩子该如何做，该怎样做，什么不该做，这种缺乏实际操练的说教方式，往往显得空洞而没有说服力，往往起不到什么好的效果。

在日常生活中，我们父母的行为举止，都会被孩子看在眼里，出于从小对父母的盲目崇拜，孩子会以此为榜样去进行效仿。因此，在日常生活中，我们父母要注意自己的一切言行，凡是想要孩子能够完成的事情，我们自己必须先要能够做到。

再次，要说到做到。身为父母，若是不能够满足孩子的要求，就不要轻易许下承诺，许下承诺就必须做到，否则父母将会在孩子的眼中再无信誉可言，孩子也会因此对父母失去崇拜和信任。

父母如果时常说一套做一套，时间久了，孩子也会染上这种恶习，最终的结果只会是"满口荒唐言，一把辛酸泪"，害了别人又害了自己。

总之，想要让自己的孩子优秀起来，我们父母自己先要优秀起来，时刻规范自身的行为动作，时时注意自我的言谈举止，这样，我们才能够成为孩子最好的学习榜样，才能够成为一个让孩子为之骄傲的好父母。

有什么样的父母就有什么样的孩子

我国有一句俗话说："有其父必有其子，有其母必有其女。"这就是原生家庭对孩子的影响力。父母的行为直接影响孩子的成长。

小孩子来到这个世界，最初如同一张白纸。"近朱者赤，近墨者黑"，这张纸遇到红色就会变成红纸，遇到黑色就会变成黑纸。我们做父母的就像改变这张纸的颜料，我们的生活习惯和做人准则会直接影响孩子的一生。良好的习惯使孩子终身受益，坏习惯也会让孩子一生受累。一位喜欢读书的父亲对孩子耳濡目染养成的习惯深有体会，他这样写道：

> 我敢说，如果我的两个女儿愿意当作家，她们绝对会成为优秀的作家，并且是当下最流行的美女作家。
>
> 现在，已经结婚的她们，各自在房子里收拾出一间书香气氤氲的书房，有精装版中外名著，有现当代著名作家的代表作，更有新生代作家的作品和知名杂志。
>
> 读书已经成为她们生活中的一部分。不同于别的已婚女性，在养孩子和工作之余，就是逛商场和刷抖音、跳广场舞，她们每天晚饭后的必修课就是进书房，静静地看书，有时候会写点心灵文字。
>
> 时不时地，她们会把写的文章发给我看。多年前她

们还是女孩子时，大女儿的小说就经我推荐发表在全国知名杂志，后来还入选年度选本。二女儿在拉萨上班期间，写了十几万字的拉萨日志，连续发在某自媒体平台，其收藏、点赞和打赏都是该平台年度冠军。她的一篇小说《我的沙扬娜拉》也发表在全国知名文学杂志上。

妻子去世后，两个女儿写的怀念母亲的文章更是在网络上让读者泪目。很多文友看了后，对我说，有其父必有其女。女儿的文章发乎情止乎理，真是不当作家都是文学圈的损失。我在欣慰的同时，也很为自己热爱文学、热爱读书影响女儿而高兴。

我从上初中时就爱好文学创作，高中时就有文章在公开出版的报刊上发表。结婚后虽然生活艰辛，但一直没有放弃文学创作，2009年加入省作协，截至2014年常规出版作品集六部。个人藏书近万册。除了为生活不得不工作，我不抽烟，不喝酒，也不会跳舞，唯一的爱好就是读书和写作。

而我身上的这一品质潜移默化地影响了几个女儿。我的孩子走向社会，我从来不为她们操心，因为我知道，她们绝对不会走向邪路，人生的道路不会走偏。因为读书，虽然改变不了一个人的命运，但可以改变一个人的修养。

是啊，孩子良好的习惯形成需要我们父母的言传身教，让孩子耳濡目染。试想，一个不讲究卫生的家长如何能培养出讲究卫生的孩子？一个没有时间观念的家长怎能培养出守时的孩子？一个远离书本的家长怎能让孩子对书如痴如醉？……

孩子习惯的养成需要我们父母从自身做起，从细微处做起，不断完善自我人格，才能在生活中润物细无声，给孩子加以渗透影响，让孩子顺其自然地养成良好的生活习惯，从而受益一生。那么，我们做父母的该如何做，才能教育出优秀的孩子呢？

首先，要做到自我约束，遵守公共秩序。比如面对交通规则问题，我们父母开车上路、带孩子过斑马线，都要严格遵守交通规则，红灯停、绿灯行，黄灯亮起等一等，礼让在先。这样孩子从小耳濡目染，就会养成遵守交通规则的良好习惯。这种习惯的养成既是对自己负责、也是对他人负责。

其次，养成良好的生活习惯。例如，我们做父母的要养成饭前便后勤洗手、不乱扔垃圾、不随地吐痰等讲究个人卫生的好习惯；要养成进别人的房间先敲门、使用礼貌用语、不乱翻别人的东西等讲礼貌懂规矩的好习惯等。

再次，修养美好的思想品德。在日常生活中，我们做父母的一定要做到勤俭节约、诚实守信、孝敬老人等做人的基本规范。只有我们在日常生活中为孩子树立了榜样，为孩子提供了标杆，孩子的美好品德才会自然形成。

美国励志成功大师拿破仑·希尔说：“播下一个行动，你将收获一种习惯；播下一种习惯，你将收获一种性格；播下一种性格，你将收获一种命运。”

愿我们父母都能从自身做起，为孩子树立好习惯的典范，让好习惯在孩子心中生根、发芽、开花，结出人生硕果。

父母以身作则才能约束孩子

我们有些父母，常常不知道如何管教自己的孩子，致使孩子在学习和生活上出现各种各样的问题。事实上，有问题的孩子都是有问题的父母教育出来的，从孩子身上就可以看到父母的影子。我们父母要改变孩子身上的不良习气，应该先从改变自身做起。

古人说："其身正，不令而行；其身不正，虽令不从。"我们父母只有自己行得端、走得正，才能使孩子少走弯路、少犯错误。孩子小的时候，不仅是智力启蒙的大好时机，也是对其进行道德启蒙的重要时机。

因为这时的孩子不仅在智力方面处于蒙昧无知的状态，在道德方面也分不清哪好哪坏。在孩子狭小的交际圈里，除了我们父母，他们很少接触别人，因此，我们父母的言行举止，就是他们行为模式的主要依据，我们父母怎么做，孩子就会怎么学。

至于究竟什么是是非，什么是美丑，他们并不清楚。这就需要我们父母主动给予孩子必要的帮助和指导。另一方面，现代社会，信息发达，孩子接受外界信息的渠道广泛，他们更容易受到外界不良信息的诱惑，因此我们父母的行为对孩子的影响就显得尤为重要。

建峰是小学五年级的学生。放寒假了，建峰除了完成假期作业，大部分时间都在上网打游戏。这让建峰的爸爸很是着急，因为建峰上网的时间太长了，已经影响了他的正常生活，而且爸爸发现建峰已经有上网成瘾的前兆了。

爸爸因此教训了他很多次，但建峰不是当作耳边风，就是明着和父亲对抗。有一天，爸爸再次批评他的时候，建峰不满地对爸爸说："为什么你能上网我却不能？我上学和你工作是一样的，你放假就能玩通宵，为什么连我白天玩你都要管呢？"

建峰的爸爸听完顿时哑口无言，他这才意识到教育孩子不能光靠嘴上说，还要落实在行动上，因为孩子的眼睛盯着自己呢，所以以身作则才是教育的最好手段。

原来建峰爸爸想，快过年了，自己忙了一整年，可以借机好好休息一下，好好玩玩。于是放松了对自己的要求，行为和平时相比有一些偏差，而对建峰的要求依旧是高标准。建峰的反抗其实是对爸爸搞双重标准的抗议。认识到自己的错误，爸爸和建峰进行了一次长谈，并且约法三章：他们两人的上网时间都不能过长，一次不准超过2小时，每天不准超过4小时，不可以玩通宵；上网以查找学习资料为主，玩游戏或做其他事为辅；双方互相监督，共同遵守。

建峰爸爸以身作则，看起了书和报纸，上网玩游戏的时间明显减少了，他起到了表率的作用。建峰也开始跟着爸爸学，虽然他偶尔会上网，但大多是查资料、看新闻，即使偶尔聊天、玩游戏也不会像以前那样玩很长时间了。

我们父母是孩子的第一任老师，孩子的行为本身就是父母行为的缩影，仅用训导的方式去教育孩子，他们往往不会听话，即使听，也不过是因为你是高高在上的父母，而听话只是流于表面的形式。那些习惯听话的孩子只能说明他们在父母的管束之下，变得习惯性顺从或者放弃自己思考问题罢了。

相信我们每个父母都不希望自己的孩子失去独立思考能力，因此作为父母，应该为孩子树立一个好榜样，让孩子去模仿和学习。

在生活中，除了上网，建峰也有不肯听爸爸话的时候。每次吃饭的时候爸爸都不许建峰看电视，当他还留恋卡通片中的情节时，爸爸总会毫不犹豫地把电视关掉。对于爸爸的做法，建峰每次都以哭闹来反抗，但爸爸从来不会因此手下留情。

直到有一次爸爸在吃饭的时候看新闻，建峰也对爸爸提意见说："爸爸，你不是说吃饭的时候不能看电视吗？"这时爸爸才意识到每次强行关掉电源对建峰来说是不公平的，自己都不能做到的事情却在强求孩子去做。

于是爸爸动手关掉电视，并对建峰道歉："以后我们要互相勉励，一起戒掉这个不好的习惯。"后来，每到吃饭时间，建峰总会跑过去把电视关掉。爸爸也不再犯类似的错误，每次要求孩子之前，都会先检讨自己。

由上述案例我们可以得出结论，只有我们父母以身作则，才是教育孩子的最佳途径。那么，在日常生活中，我们父母如何用自己的行为影响孩子呢？

一是修养品德。美好的品行是培养好孩子的基础。在公交车上我们父母给老人让座，孩子看到后也就懂得给老人让座。我们孝敬自己的父母，孩子长大也会孝敬我们。付出了总会有回报的，我们应该做的就是把孩子引导到正路上来。

二是注意言语。我们父母在孩子面前讲话一定要文明，如果我们说话时脏话连篇，那么孩子很快就能学会说脏话。我们说话文明，孩子说话也会注意。另外，作为父母，我们千万不能当着孩子的面吵架，这样会给孩子带来心理上的阴影。

三是热爱学习。有些父母总是埋怨孩子不爱学习，那么反思一下我们自己，我们自己爱学习了吗？给孩子留下爱学习的印象了吗？只有自己爱学习，孩子才能受影响喜欢上学习。如果想让孩子爱上学习，那么就让我们和孩子一起来学习吧。

四是诚实守信。作为父母，我们无论是对他人还是对孩子，都要诚实讲信用。如果我们经常说谎，那么孩子也会对我们说谎。没把握的事情不要轻易答应，答应了就要兑现。有的父母抱怨孩子不按时完成作业，做事不利索。其实我们应该反思一下自己，是不是自己也经常不守时？我们做好了，孩子自然也会做好。

五是养成好习惯。一个人养成一个好习惯非常重要。如果我们做父母的把每天的生活过得有滋有味、井井有条，那么孩子做起事来也会很有章法。我们父母如果有不良习惯，一定要改正。

英国著名教育家洛克告诫父母说：“儿童早期的启蒙教育一定要慎而又慎，不可掉以轻心。假如父母在言行上出现失误，那么给儿童造成的不良影响将难以补救。”

由此可见，以身作则是教育孩子的关键。家庭环境和我们父母的行为对孩子的影响极其重大。我们父母应该从现在开始，改变自己的教育模式，不要只说不做，而是以身作则，为孩子树立一个良好的榜样。

父母言行的潜移默化作用

我们父母应该明白，在生活中，我们的言谈举止对孩子思想品德的养成能起到潜移默化的作用。比如有些父母当着孩子的面乱扔垃圾、随意破坏公共设施、恶意伤人、对人大打出手……这些不好的品行，对孩子德行的影响是很大的，它会让好孩子变坏，坏孩子更坏。

俗话说："跟着好人学好人，跟着巫婆跳大神。"模仿是孩子成长学习的一个重要心理特质。在家庭中，我们父母的为人做事，在孩子道德品质形成过程中起着非常重要的导向作用。我们的道德人格状况、道德修养水平，都会成为孩子道德认知的标准。

有这样一个故事：

有位老人体弱多病、卧床多年，他儿子觉得老人实在是个累赘，于是在一个大雪纷飞的夜晚，把老人搬到一个木架车上，准备拉到没有人烟的野外和车子一起扔掉……

老人的孙子默默地看着这一切，在他爹背起爷爷跨出家门的时候，老人的孙子开口说："爹，千万不要把那个木架车扔了啊！"

老人的儿子觉得，一个不值几个钱的破木车拿回来能干什么？于是问道："这个破车子拉回来有什么用？"

老人的孙儿说道："将来你不能动了，那个木架车还能用来拉你啊！”

听了儿子的话，他爹顿时僵在那儿。

我们父母，要时时记得，我们的一举一动都在孩子眼皮底下，我们的每一个举动和决定都会给孩子留下效法的脚本。因为在孩子眼里，我们父母做的就是正确的，就是他们将来可以做的事情。

意大利诗人但丁说过：“道德常常能填补智慧的缺陷，而智慧永远也填补不了道德的缺陷。”当下，我们父母对孩子“才”的培养是倾尽全力的，而对德的培养往往就没有那么重视了。不但如此，我们有些父母还用自己“失德”的言行带坏自己的孩子。

首先是父母在公共场合的“失德”。有些父母在公共场合和孩子在一起时，根本不会注意到自己的行为对孩子会有怎样的影响，他们不会在孩子面前表现出一些公德心，对人更不会有一些谦让的行为。

相反，他们为了教育孩子走进社会后“不吃亏”，还处处教孩子怎样进行“自我保护”。这种所谓的“自我保护”，不外乎就是教孩子对外人霸道一点儿，他们的教育理念是“人善被人欺，马善被人骑”。他们用行动告诉自己的孩子，对这个世界上的其他人，心要狠一些。当然，更多的父母并不是有意对孩子在这方面言传身教，可能自己在公共场合的“失德”是由于习惯，但这给孩子的负面影响都是一样的，这是孩子在公共场合不讲公德形成的原因之一。

其次就是一些父母在家里对待老人的“失德”。在现实中，存在这样的现象，那就是一些人希望自己的孩子孝顺，可他自己却不知道给孩子做出表率。有很多人不知道去孝敬家里的老人，这种“不孝”到孩子的眼里就会成为一种“家风”。

孩子的心灵是纯洁无瑕的，他会没有选择、不分优劣地去模仿学习所看到的一切。对他来说，我们父母的行为都是他学习的榜样：行为方式、姿势仪表、言语风格、生活习惯和性情品格等。

如果父母希望自己的孩子能够有良好的人格，那么，我们就应该给孩子提供良好的榜样，用自己的德行来感染孩子，让孩子在不知不觉中形成良好的品格。

第三是一些父母嘴上的“失德”。有的父母喜欢在别人的背后、孩子的面前评价某人，这对于孩子来说危害是非常大的。当我们父母在家说某个人一些不好的地方的时候，可能说者无心，但听者有意，被孩子听到后，在孩子心里，这个人的威信就会丧失，孩子在心理上就会排斥这个人。

在生活中，孩子要是遇见这个人，就很容易引起对他的反感，这种反感会直接造成孩子在这个人面前的逆反心理。这样，就算这个人是孩子年长的至亲，孩子也不会对他有什么好感。

比如，有的家长喜欢说老师一些不好的地方，孩子听到后，他在心理上就会排斥这位老师，就不会尊重这位老师。

约翰·洛克菲勒所倡导的家庭教育的法则，曾培育了全世界无数的青年英才，他的著作成为西方教育宝典。洛克菲勒最强调的就是品德的培养，他说“培养德行的工作是世界上最有价值和最高尚的工作”，“人的品德越高就越容易取得其他一切成就”。

因此，我们父母要想使孩子健康成长，就要把德行的培养放在首位。我们不但要给孩子一个优渥的物质环境，也要给孩子一个清洁的精神世界。我们要抓住孩子还没有被“污染”前，加强道德品格修养的言传身教，把孩子培养成一个有高尚的思想品德的人。

父母应尊重孩子的意愿

我们的孩子从出生时起就已经是一个独立的个体，有自己独立的意愿和个性。然而，在与孩子相处的过程中，似乎总是我们父母占据着主导地位。

我们有些父母在潜意识中把孩子作为自己的私有财产，把孩子当成自己光宗耀祖的工具，习惯性地支配他们的生活。即使在孩子已经有独立决策能力的时候，这些父母仍然不放手让他们自己做决定，而是为他们决定一切。

还有许多父母把自己的意愿强加到孩子头上，要求他们为自己争面子，把孩子当作实现自己梦想的工具。殊不知，这种专断行为是对孩子心灵上的严重伤害和摧残。

暑假里，小茜的爸爸看到小茜的许多同学都报了兴趣班，再加上他自己喜欢书法绘画，就没有征求小茜的意见私自给女儿报了书法绘画班。而小茜喜欢的其实是跳舞，她想长大当个舞蹈家。

小茜对绘画的悟性并不高，进了书法绘画班后，总是提不起精神来完成老师布置的作业，有时完不成作业还会哭鼻子……这天爸爸去接小茜时，老师也建议让孩子转班。

小茜爸爸回家对小茜妈妈说了老师的意见，小茜妈妈说："我们本来就应该按孩子的兴趣爱好报班。"小茜爸爸这才把孩子转到了舞蹈班。

小茜转班后，兴趣非常高，每天回家不是唱歌，就是跳舞。"六一"儿童节时，还代表班级参加了学校的会演，捧回"最佳表演奖"的奖状。

小茜的爸爸按自己的意愿给孩子报兴趣班，逼着孩子去学习她不感兴趣的东西，差点埋没了孩子其他方面的才能。

小雨和小茜的情况非常相似。小雨是个四年级的学生，受做音乐教师的母亲的影响，从小就非常喜欢弹琴，而且小小年纪就可以作简单的曲子。

但是小雨的父亲却不允许她学弹琴，非要让她学绘画不可。因为小雨的父亲就是一位不很出名的画家，他想让女儿继承自己的事业。他认为，自己能够辅导孩子成为一个画家。

当音乐老师的母亲建议他尊重女儿的兴趣和爱好时，他满不在乎地说："什么兴趣、爱好，小雨还这么小，她懂什么？我叫她学什么就学什么！只要刻苦训练，做什么都可以出成绩。"

小雨拗不过父亲，只好不情愿地拿起了画笔。

小雨爸爸的话未免有失偏颇。"只要刻苦训练，做什么都可以出成绩。"这句话虽然有一定的道理，但是，不让孩子做她喜欢做的事，结果肯定是事倍功半。

其实，在我们身边像小雨爸爸这样的父母还有很多，他们在给孩子报兴趣班的时候不给孩子自己做主的机会，而在报完兴趣班之后，当孩子有什么不明白的问题时，他们又急着“为人师”，剥夺孩子自己思考的权利。

而且在别的孩子表现得比自己的孩子强时，这些父母又常常埋怨自己的孩子笨。其实并不是哪个孩子比较笨，只是因为我们父母把他们的一切都包办了，孩子缺少动脑和选择的机会，难免表现得不如同龄孩子。

随着孩子年龄的增长，不管我们父母怎么压制，他们的自主意识都会越来越强。他们已经不再愿意什么事情都听家长的，而有了自己做决定的需求。

有些孩子虽然按照父母的决定去做，但在对父母说“不”没起作用的情况下，他们只好用消极的方式去反抗，甚至还会因此出现过激的行为。

我们父母不应该让孩子成为自己实现梦想的工具，我们应该主动寻找并挖掘孩子的优势，让孩子从自己的兴趣出发进行学习，这样他们才会走向成功。

我们父母必须意识到，孩子是独立的个体，帮孩子选择并不是对孩子的爱护和帮助，相反只会毁了他们的前程。

我们父母不能一直呵护在孩子成长的人生路上，免不了的摔跤其实会让孩子在今后的路上经得起挫折。因此，我们父母应该把独立选择的权利还给孩子，即使他们会因为选择错误而受些挫折，却也会因此长记性而学会自立。

孩子应该有选择的权利，如果这种权利长期不被赋予，他们的自主意识就会削弱，自信心就会受到打击，从而很可能产生消极的自我评价。

假如这种消极心态一直深植于孩子的内心，势必会影响以后的人生道路。那些长大后缺乏选择能力和判断力、缺乏责任感，甚至不知道如何对自己负责的孩子，其小时候的决策几乎都是由父母做出的。那么，我们父母应该怎样尊重孩子的意愿呢？

其一，要尊重孩子。只有尊重，孩子才能愉快地接受教育。我们父母要善于抓住机会，让孩子敢于表达自己意愿和想法，给孩子充分的尊重和信任，让孩子选择自己感兴趣的事情，并且引导和鼓励孩子去做好。

其二，尊重孩子的决定。不少父母认为孩子年龄小，没有做决定的能力，因此会不顾及孩子的想法，按自己的意愿为孩子安排生活和学习，这种做法往往达不到好的效果。

我们父母要耐心听取孩子的想法，即使孩子的想法不全面、观点有失偏颇，也不要轻率否决。对孩子所说的话要予以相信，不要以成人的观点来评判孩子。

其三，帮助完善孩子的意见。我们父母在和孩子沟通的时候，要站在相互尊重、互相平等的位置上，去倾听孩子的意见，然后推心置腹地和孩子交流意见，对孩子不能完全表达出来的观点，我们父母要做必要的补充，鼓励孩子勇敢地表达自己的观点。

其四，让孩子参与家庭决策。孩子一般很在意在家里所处的地位，我们父母应该让孩子参与家里事情的讨论，这是对孩子的尊重和认可。

父母应该尊重孩子，让孩子了解家庭的事情，还要让孩子参与进来共同决策。这样孩子才能意识到他们在家中不可或缺的作用，树立起孩子的责任感，培养他们的主人翁意识。

其五，多征求孩子意见。我们父母应该经常和孩子沟通，征求孩子的意见和想法。这样孩子在自己做决定的时候，也会主动跟我们父母商量，征求父母的意见，而不会刻意隐瞒父母。

大多数孩子的自主意识很强，不希望父母太多地干涉他们的生活和学习。他们渴望一定程度上的自我。我们父母要了解孩子的心理，给孩子自己做主的机会，在尊重孩子自主选择的基础上，给孩子适当的引导和帮助。

日本著名教育学家木村久一曾经说过："如果孩子的兴趣和热情能够顺利发展，孩子就会成为天才。"在很多时候，人之所以平庸，就是因为父母在孩子小时候扼杀了他们的天性和兴趣。我们父母应该尊重孩子的意愿，让孩子自己去选择，给他们做决定的机会，让孩子按照自己的兴趣发展自己的人生事业。

特别是现在的孩子，他们今后要担负更大的责任和更多的义务。我们父母要充分尊重孩子，给孩子自己做主处事的机会，锻炼他们的独立意识，为他们今后组建家庭和进入社会角色做好一切准备。

父母应为孩子奠定人生基础

使孩子有一个良好的人生基础，是我们每一个父母的心愿。很多父母在孩子开始会走路、会讲话之后，就开始对孩子要学习什么费尽心思，而且有着一种“只要学得早，从小多学点，将来孩子自然就会找到自己的出路”的想法。

因此，这些父母认为，其他的什么都不重要，只要学习成绩好就行。他们为孩子所作的一切都是为了实现这一目的。

问题是我们父母所信赖的学业能力，难道真的可以保障孩子们的未来吗？

有一位中小企业的CEO，在谈到近年来日益严重的青年失业问题时说：“所有人都认为人力资源过剩，但像我们这种企业，却因为人才不足而感到无奈。我很疑惑这些年轻人在踏入社会之前，经过了至少十年的学习后，为什么连基本的能力都不具备？”

这位CEO为什么会发出这种感叹？为什么经过十几年寒窗苦学出来的孩子，竟然连基本的生存能力都不具备？我们父母有没有想过这其中的原因？

答案其实很简单：因为孩子们按照我们父母的要求，每天只顾读书，只是想方设法提高成绩，而对于其他的东西都不管不问，甚至一无所知。

对于这样的孩子，我们又能期待什么呢？就算孩子有想要做的事，有些父母也总是以责备的口吻说：“那种东西长大后自然都有机会做，现在你只要努力读书就好了。”

总之，在父母眼里，除了读书，其他的事都是闲事，都是影响孩子将来“成功”的绊脚石，父母会义无反顾地去处理掉。这样，孩子只能成为温室里的花朵，只能接受填鸭式的教育。很多孩子大学毕业后，面对纷繁的社会一头雾水，难以被社会所接受。

当然，也有父母能跟上时代步伐，开始了全新的教育孩子的模式。他们以素质教育为基础，培养孩子的综合能力。例如学习基础知识能力、语言表达能力、自我保护能力、人际交往能力、投资理财能力、分辨善恶能力等。拥有了这些能力，我们的孩子将来走出校门、踏入社会就不会因找不到工作而手足无措，也不会因入职新公司而被上司斥为“一无所知”。

这些父母为了把孩子的人生基础打好，还会放弃自己的重要工作，努力融入孩子的世界。

某一个礼拜天，身为公司副总的刘先生按计划要去参加公司组织的一次联谊活动，当他穿戴整齐准备出门时，3岁的女儿突然跑过来拉住他的手，可怜巴巴地说：“爸爸，您今天不出去行吗？”

刘先生惊讶地望着女儿，他看到女儿满眼的期望。

刘先生对赶过来欲拉走女儿的爱人说：“我们今天去动物园吧！”

爱人说：“你去开会吧！我陪女儿去。”

刘先生说：“我欠孩子的太多了。”

刘先生接着说：“好女儿！爸爸不去了。爸爸知道和你在一起的时间太少了，爸爸陪你玩。”

随后，刘先生给公司打了电话，郑重其事地告诉对方，他要陪爱人和女儿去动物园玩。刘先生换了休闲服，和爱人、孩子开车去城南的森林动物园。那一天，女儿很开心，爱人也很开心，刘先生自己也感觉好像年轻了好几岁。事后他告诉爱人："孩子这样求我，说明我陪她太少了。不参加联谊活动固然不好，但是和孩子的快乐比起来，也算不了什么。"

那天晚上，刘先生和爱人决定，以后每个双休和节假日，绝对不能让工作夺走，至少在女儿小学阶段陪伴孩子快乐地成长；至少这六年里，陪伴和教育自己的孩子，让孩子感受到父母的爱。

国内外教育专家认为，0～6岁的孩子最重要的不是智力开发，不是学外语、学音乐、学绘画，而是需要父母的呵护，需要父母帮助奠定人生的基础。

如果把人生比作房子的话，那么人生最初的六年就好比是房子的基础。这个基础就是孩子自信心、安全感、自我价值观和人生观的建立。孩童时期打下的坚实基础，孩子长大以后就会显示出其重要性。

人遇到挫折和挑战时，最需要的不是金钱和地位，而是自信心、安全感和坚定的人生观。这种基础建立的成败将决定他是积极地、正面地，还是被动地、负面地去处理他所面临的棘手问题。这个基础才是决定人生幸福最重要的组成部分。

我们很多父母为了使自己的孩子将来有一个成功的人生，在孩子很小的时候就开始着手为孩子的成功打基础。但是也有一些父母心有余而力不足，不知道该为孩子做些什么，从哪儿做起。

下面我们列出了可以帮助各位父母实现这一目标的方法。也许没有哪个父母能够做到所有这些，不过，只要选择一些我们力所能及的事坚持不懈地做下去，都会有不错的效果！

一是我们父母经常读书、看杂志、参加成人培训班，向孩子表现出对学习的热爱，并经常告诉孩子我们所学到的新鲜知识。

二是在家里存放一些好书，有些书可以在旧书店或者图书馆拍卖减价出售时购得，为孩子提供一个安静的读书环境。

三是关注孩子的兴趣，茶余饭后与孩子谈论最近的新知识、新科技，并就电视上所看到的新闻和时事向孩子提问，大力培养孩子多方面的兴趣。

四是在家里放一套百科全书，以便孩子有问题时查询，哪怕一本老的、旧的版本也能回答大部分的问题。

五是在孩子学习期间，关掉电视机、游戏机、电脑，不要埋头于手机，制造安静的学习环境和氛围。

六是带孩子到一些有历史文化底蕴的馆场参观学习，比如儿童博物馆、艺术博物馆、历史古迹博物馆、天文馆、科技馆等。

七是经常玩一些发挥想象力的游戏，比如让每个家人描述他每年看到的云彩。

一个成功孩子的背后都有一个或两个人在支持着他，这就是作为父母的我们。因此，在孩子小时候，我们父母就要为他将来的人生奠定基础。请注意，我们要做的并非仅仅是提高孩子的分数，而应该是“播种性格，收获命运”！